Klassische Schullektüre
Herausgeber: Ekkehart Mittelberg

E. T. A. Hoffmann

Der Sandmann

Text und Materialien
bearbeitet von Andrea Ruhlig

Cornelsen

Redaktion: Doreen Westphal
Umschlaggestaltung: Matthias Mantey
Umschlagillustration: Klaus Ensikat
Technische Umsetzung: Enev Design & Consulting, Berlin

www.cornelsen.de

1. Auflage, 1. Druck 2007

Druck: CS-Druck CornelsenStürtz, Berlin

ISBN 978-3-464-60636-0

Inhalt gedruckt auf säurefreiem Papier aus nachhaltiger Forstwirtschaft.

INHALT

E. T. W. Hoffmann Selbstporträt nach eigener Zeichnung radiert

BIOGRAFIE DES AUTORS

Der Grabstein E.T.A. Hoffmanns trägt die Inschrift:

E. T. W. Hoffmann
geb. Königsberg in Preußen
den 24. Januar 1776
gest. Berlin, den 25. Juni 1822
Kammer Gerichts Rath
ausgezeichnet
im Amte
als Dichter
als Tonkünstler
als Maler
Gewidmet von seinen Freunden

Hier wird mit wenigen groben Strichen der Umriss eines Lebens skizziert, der auch bei näherer Betrachtung nicht leicht ein einheitliches Bild ergibt, denn aufschlussreich wird dieses Leben vor allem durch die Brüche zwischen den üblichen Koordinaten. Ein paar feinere Striche könnten so aussehen:

Ernst Theodor Wilhelm Hoffmann (erst Jahre später ersetzt er den Namen Wilhelm zu Ehren Mozarts durch Amadeus) wird am 24.1.1776 in Königsberg geboren (in eine zerrüttete Juristenfamilie mit einem trunksüchtigen Vater und einer neurotischen und depressiven Mutter), zum Rechtsanwalt ausgebildet (wobei er bis zum Abschluss allerdings ein paar Jahre länger braucht als sein Studienfreund), er heiratet (nach mehreren, zum Teil skandalösen Verhältnissen, auch als Ehemann ist er noch in Skandale verwickelt), bekommt eine Tochter (die keine drei Jahre alt wird), macht in seinem Beruf Karriere (allerdings schleppend und mit herben Rückschlägen), tut sich als Künstler hervor (und zwar als Maler, Musiker und Dichter, der lange Zeit in größter existenzieller Not lebt), ist als gesellig und humorvoll bekannt und beliebt (seine exzessiven nächtlichen Gelage in Berlin werden sogar zur Touristenattraktion) und stirbt (einen Berg von Schulden hinterlassend) nach einer schweren Krankheit mit 46 Jahren in Berlin.

Hoffmanns Leben ist gekennzeichnet von mehreren tiefen Einschnitten, die meist auch mit einem Ortswechsel zusammenfallen. Die ersten zwanzig Jahre seines Lebens verbringt er in **Königsberg** (jetzt Kaliningrad), der Hauptstadt des damaligen Ostpreußen. Dort wächst er nach der Trennung der Eltern – zu dem Zeitpunkt ist er zwei Jahre alt – ohne Vater und Bruder bei der Familie seiner Mutter auf. Erzogen wird er von einem strengen Onkel, mit dem er das Zimmer teilt, und einer Tante, die offenbar den einzigen Lichtstrahl in sein junges Leben wirft. Seit 1787 erhält Hoffmann privaten Zeichen- und Musikunterricht, was zum damaligen Bildungskonzept der Beamtenschicht gehört.

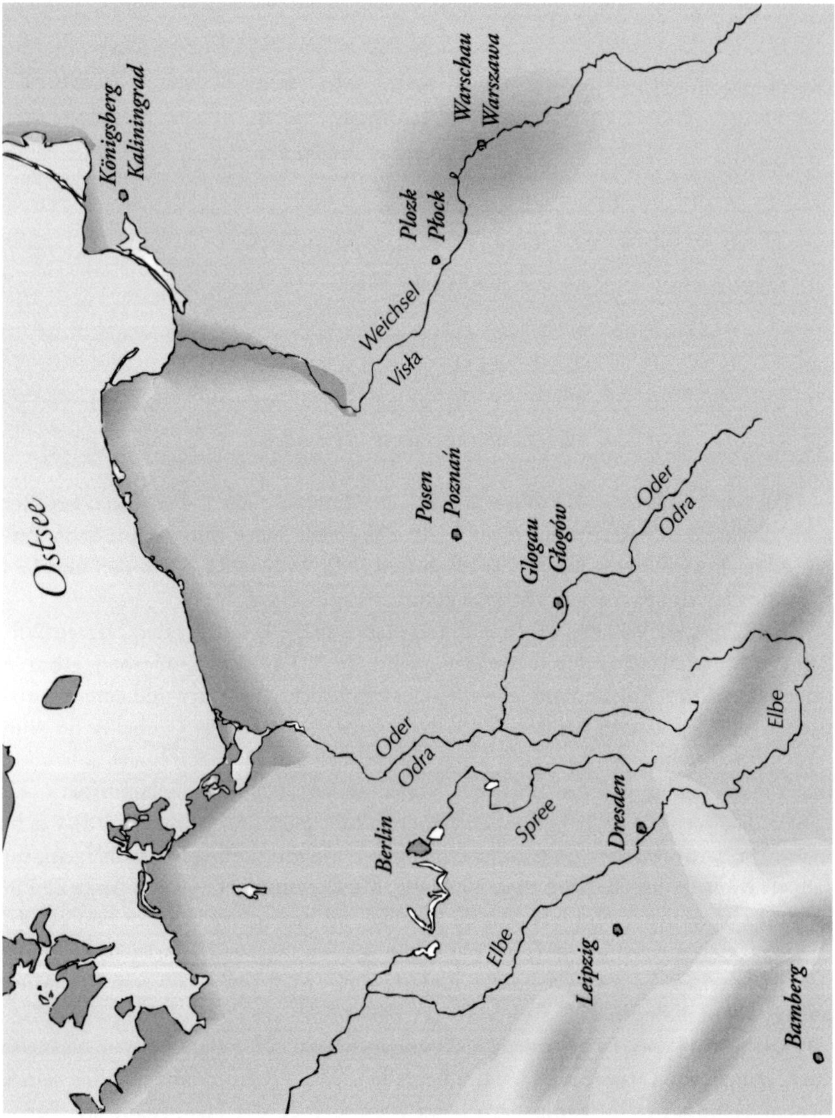

Lebensstationen E. T. A. Hoffmanns

1792, mit 16 Jahren, beginnt er sein Jurastudium – bei seiner Herkunft ist kaum ein anderer Berufswunsch denkbar. Er gilt als fleißiger Student und legt 1795 das erste Examen ab, das ihm eine Anstellung am Gericht von Königsberg einbringt. Doch seine Neigungen liegen auf anderen Gebieten. In einem Brief an seinen Freund Hippel vom 23.1.1796 beschreibt er seinen Wochenablauf:

> Morgen ist Sonntag – [...] Da muss ich zu Bette gehn – denn wisse nur, Sonntag blühn bei mir die Künste und Wissenschaften, und dazu muss ausgeschlafen werden. Im Ernste geredet. Die Wochentage bin ich Jurist und höchstens etwas Musiker, sonntags am Tage wird gezeichnet und abends bin ich ein sehr witziger Autor bis in die späte Nacht.[1]

Zu dieser Zeit gibt er bereits selbst Klavierunterricht und verliebt sich heftig in seine Schülerin Dora Hatt – sie ist zehn Jahre älter und unglücklich verheiratet. Es kommt zu Gerede und sein Onkel sorgt dafür, dass Hoffmann eine unbezahlte Stelle Mitte 1796 weit weg in einer Kleinstadt an der Oder antritt.

Dort in **Glogau** lebt Hoffmann wieder bei einem Onkel, ebenfalls Jurist. Hier verlobt er sich mit seiner Cousine Minna (Januar 1798) und legt sein zweites Examen ab (Juni 1798). Die Grundlage für eine bürgerliche Karriere ist geschaffen. Als sein Onkel und vermeintlich zukünftiger Schwiegervater nach Berlin berufen wird, geht die ganze Familie mit und Hoffmann erhält dank des familiären Einflusses eine gute Stelle.

Berlin, eine der drei Städte im Deutschen Bund mit mehr als 100 000 Einwohnern, bietet als kulturelles Zentrum Deutschlands dem jungen Hoffmann derartig viele Anregungen, dass ihm seine weitere Ausbildung zur Nebensache wird. Er besucht Kunstausstellungen, Konzerte, Theateraufführungen, trifft sich mit Künstlern, arbeitet aber auch selbst als Komponist, Zeichner und Schriftsteller und versucht mit den Ergebnissen an die Öffentlichkeit zu treten. So legt er sein Abschlussexamen, dessen Bestehen sein Freund und Studienkollege Hippel bereits Anfang 1796 gemeldet hatte, erst im März 1800 ab.

Er wird an das Gericht in **Posen** berufen, das im 1793 von Preußen annektierten Polen liegt. Kurz vor einer anstehenden Beförderung kommt es dort im Februar 1802 zu einem Skandal: Hoffmann zeichnet Karikaturen hochgestellter Persönlichkeiten und lässt sie auf dem Karnevalsball verteilen. Statt der Ernennung zum Regierungsrat handelt er sich dadurch die Strafversetzung auf eine unbezahlte Stelle in **Płock** ein, einem Nest an der Weichsel. Vor seiner Abreise klärt er jedoch noch die Verhältnisse: Er löst überraschend die Verlobung mit seiner Königsberger Cousine Minna und heiratet Mischa, die Tochter eines polnischen Stadtschreibers, die ihn bis zu seinem Lebensende begleitet. Hoffmann beschreibt Płock als den Ort, „wo jede Freude erstirbt, wo ich lebendig begraben bin“[2], doch das Leben ist geregelt und

1 In: E.T.A. Hoffmanns Leben und Werk in Daten und Bildern. Hrsg. v. Gabrielle Wittkop-Ménardeau. Frankfurt a.M.: Insel 1968, S.65

2 Julius Eduard Hitzig: E.T.A. Hoffmanns Leben und Nachlass. Frankfurt a.M.: Insel 1986, S.172

seine konzentrierte Arbeit führt auch zur ersten literarischen Veröffentlichung: Das *Schreiben eines Klostergeistlichen an seinen Freund in der Hauptstadt* erscheint im September 1803 in der Zeitschrift „Der Freymüthige".

Erst im Frühjahr 1804 gelingt ihm durch den Einsatz einiger Freunde die Rehabilitation und die Versetzung als Regierungsrat nach **Warschau**. „Wie es mir in Warschau geht", schreibt er Hippel am 14.5.1804: „Eine bunte Welt! – zu geräuschvoll, – zu toll, – zu wild, alles durcheinander. – Wo nehme ich Muße her, um zu schreiben, – zu zeichnen, – zu komponieren!"[1] In dieser bunten Welt befreundet sich Hoffmann mit seinem Kollegen (und späteren ersten Biografen) Hitzig. Dieser macht ihn mit der neuesten deutschen Literatur und deren Autoren vertraut und lässt Hoffmann so nachholen, was er in Posen und Płock verpasst hat. Auch musikalisch ist Hoffmann aktiv: Im Winter 1805 gründet er zusammen mit Gleichgesinnten die Musikalische Gesellschaft, die sich zum Zentrum des kulturellen Lebens in Warschau entwickelt. Hier übernimmt Hoffmann die Ausgestaltung der Gesellschaftsräume im stillgelegten Mniszek'schen Palais, er stellt die Konzertprogramme zusammen und dirigiert auch verschiedenste Konzerte.

Durch den Einmarsch der französischen Truppen in Warschau im November 1806 findet die friedliche Zeit ein jähes Ende. Die preußischen Gerichte werden aufgelöst, die Beamten fristlos entlassen, Hoffmanns Wohnung wird beschlagnahmt. So schickt er im Januar 1807 Mischa und seine kleine Tochter unter dem Schutz einer französischen Geldtransporteskorte zu den Schwiegereltern nach Posen. Anfang Juni werden die ehemaligen preußischen Beamten vor die Wahl gestellt, den Treueschwur auf Napoleon zu leisten oder Warschau innerhalb einer Woche zu verlassen.

Mit Hoffmanns Entscheidung beginnt ein schlimmes Jahr. Er geht nach **Berlin**, wo er zu den Tausenden stellungsloser Beamten gehört, die meist vergeblich um staatliche Unterstützung bitten. In seiner Geldnot versucht Hoffmann relativ erfolglos, Zeichnungen und Kompositionen zu Geld zu machen. Schließlich gibt er überregional eine Anzeige auf:

> Jemand, der in dem theoretischen und praktischen Teil der Musik vollkommen unterrichtet ist, selbst für das Theater bedeutende Kompositionen geliefert und einer bedeutenden musikalischen Anstalt als Direktor mit Beifall vorgestanden hat, wünscht als Musikdirektor bei einem womöglich[2] stehenden Theater[3] unterzukommen. Außer den genannten Kenntnissen ist er mit dem Theaterwesen und seinen Erfordernissen völlig vertraut, versteht sich auf die Anordnung der Dekorationen und des Costums[4] und ist außer der deutschen auch der französischen und italienischen Sprache gewachsen.[5]

1 Hitzig, S. 217
2 *womöglich:* hier: möglichst
3 im Gegensatz zum fahrenden Theater eine Truppe mit festem Spielort
4 *Costums* (frz.): Kostüms
5 Hitzig, S. 235

Er hat Erfolg und wird nach Bamberg berufen, doch bis zum Antritt der Stelle im September 1808 hat er noch eine Hungerstrecke zu überwinden. In einem Brief an Hippel vom 7.5.1808 meldet er:

> Alles schlägt mir fehl, weder aus Bamberg noch aus Zürich[1], noch aus Posen erhalte ich einen Pfennig; ich arbeite mich müde und matt, setze fort die Gesundheit zu und erwerbe nichts! Ich mag dir meine Not nicht schildern; sie hat den höchsten Punkt erreicht.[2]

In **Bamberg**, nun wieder mit Mischa zusammen, bleibt Hoffmann die nächsten fünf Jahre. Zwar misslingt sein Einstand als Kapellmeister, doch hat er gewissen Erfolg mit seinen Kompositionen. Das Geld kommt überwiegend durch privaten Musikunterricht herein, seit 1809 schreibt Hoffmann auch regelmäßig für die „Allgemeine Musikalische Zeitung“. Im Herbst 1810 wechselt die Direktion des Bamberger Theater- und Opernhauses und Hoffmann wird (bis zur vorschnellen Entlassung des neuen Direktors zwei Jahre später) zum Regisseur, Dramaturgen, Bühnenmaler und Hauskomponisten.

Sein Hauptaufenthaltsort in der freien Zeit scheint das Gasthaus Rose zu sein – in seinem Tagebuch erscheint häufig die Zeichnung eines Weinkelchs, den er zur Kennzeichnung der besonderen Ausschweifung noch mit Flügeln versieht.

Zwei der Bildzeichen, die Hoffmann 1811 im Tagebuch verwendet

Oder er schreibt: „Nachher in der ‚Rose‘ sich toll und voll gesoffen. Um 1 Uhr zu Hause, doch sich ziemlich gehalten.“[3] In Bamberg gibt er sich als exzentrischer Außenseiter mit sarkastischem Humor und scharfer Zunge, hier lernt er aber auch

1 vom Verlag Nägeli, der Kompositionen Hoffmanns verlegte
2 E.T.A. Hoffmanns Leben und Werk in Daten und Bildern, S. 81
3 E.T.A. Hoffmanns Leben und Werk in Daten und Bildern, S. 44

mehrere Ärzte kennen, die ihm Einblicke in die aktuelle psychologische Forschung[1] vermitteln und mit ihm populärwissenschaftliche Literatur zur Naturphilosophie[2] diskutieren. Hoffmanns Interesse für psychologische Grenzphänomene wie Traumvisionen, Magnetismus, Somnambulismus oder Mesmerismus[3] ist in jedem seiner literarischen Werke erkennbar.

Anfang 1811 verliebt sich Hoffmann, inzwischen selbst 35 Jahre alt, heftig in seine erst fünfzehnjährige Gesangsschülerin Julia Marc, mit der er fast täglich zusammentrifft und die ihn durch ihre Vernunftheirat im Dezember 1812 zu Selbstmordplänen treibt. Noch Jahre später bittet er brieflich einen Freund:

> [S]agen Sie ihr in einem Augenblick des heitern Sonnenscheins, dass ihr Andenken in mir lebt; darf man das nämlich nur Andenken nennen, wovon das Innere erfüllt ist [...]. Sagen Sie ihr, dass das Engelsbild aller Herzensgüte, aller Himmelsanmut wahrhaft weiblichen Sinns, kindlicher Tugend, das mir aufstrahlte in jener Unglückszeit acherontischer[4] Finsternis, mich nicht verlassen kann beim letzten Hauch des Lebens.[5]

Im September 1812 kommt es während eines Ausflugs mit Julias Familie und ihrem Verlobten zu einer skandalösen Szene, bei der Hoffmann sich gesellschaftlich unmöglich macht, sodass er das Angebot, die Operntruppe von Leipzig und Dresden zu leiten, dankbar annimmt. Vorher jedoch unterschreibt er noch einen Vertrag mit dem Bamberger Buch- und Weinhändler Kunz und sichert damit die Veröffentlichung der *Fantasiestücke in Callots Manier*[6] (1814/1815), einer Sammlung von Erzählungen und Schriften zur Musik, die zum Teil bereits in Taschenbüchern und Almanachen erschienen waren. „Meine literarische Karriere scheint beginnen zu wollen“[7], schreibt er in sein Tagebuch.

1 Wichtig für den *Sandmann* wurden die Schriften von Philippe Pinel (1745–1826) und Johann Christian Reil (1759–1813). Der französische Arzt Pinel schildert überwiegend Fälle aus der medizinischen Praxis. Er behandelte Wahnsinnige nicht wie Kriminelle, die eingesperrt werden mussten, sondern verstand sie als behandelbare Kranke. Der deutsche Arzt Reil gilt als Begründer des Begriffs „Psychiatrie“, auch er schildert Fälle aus der Praxis, die Hoffmann für seine juristischen Gutachten wie auch als Anregung für seine literarischen Werke benutzte, vgl. M 6.

2 vor allem Gotthilf Heinrich Schuberts (1780–1860) *Ansichten von der Nachtseite der Naturwissenschaften* (1808), vgl. M 11

3 Gemeinsam ist diesen Ismen der Zustand der schlafähnlichen Unbewusstheit (vgl. die Anmerkung zu M 11).

4 Der Acheron ist der Unterweltfluss, über den der Fährmann Charon die verstorbenen Seelen ins Reich des Hades bringt.

5 Hitzig, S. 261

6 Jacques Callot, Kupferstecher des 17. Jahrhunderts, zu dem Hoffmann in seiner Vorbemerkung schreibt: „Kein Meister hat so wie Callot gewusst, in einem kleinen Raum eine Fülle von Gegenständen zusammenzudrängen, die ohne den Blick zu verwirren, nebeneinander, ja ineinander heraustreten, sodass das Einzelne, als Einzelnes für sich bestehend, doch dem Ganzen sich anreiht.“

7 Hitzig, S. 244

Hoffmanns Zeit in **Dresden** und **Leipzig** (1813–1814) ist überschattet von den so genannten Befreiungskriegen, die sich in unmittelbarer Nähe abspielen. Trotz der Kriegsgräuel, die Hoffmann täglich beobachten muss, schreibt er in dieser Zeit das fantastische Märchen *Der goldene Topf*, den ersten Teil der *Elixiere des Teufels* und komponiert die erfolgreiche Oper *Undine*. Als er durch den Bruch mit dem Theaterdirektor erneut seine Stelle als Konzertmeister verliert, bittet er seinen Freund Hippel in Berlin „mir, wenn es möglich ist, eine Anstellung in irgendeinem Staats-Bureau[1] zu verschaffen, die mich nähret; mit gewissenhafter Treue, mit beharrlichem Eifer will ich jedem Dienst dieser Art vorstehen“[2].

Das Königliche Kammergericht in Berlin, vom Halleschen Tor aus gesehen
(Stahlstich nach einer Zeichnung von 1833)

Durch Hippels Einfluss kann Hoffmann im Oktober 1814 – nach acht Jahren Pause – seine amtliche Tätigkeit wieder aufnehmen. Er zieht mit Mischa nach **Berlin**, wo er bis zu seinem Lebensende bleibt. Seine dienstlichen Arbeiten als Richter erledigt er mit hervorstechendem Talent, Scharfsinn, Präzision und Gründlichkeit, wie ihm ein Gutachten bescheinigt.[3] Doch seine geregelte und ab 1816 auch gut bezahlte Arbeit hindert ihn weder daran, allabendlich sein Stammlokal aufzusuchen und sich mit Schriftstellerkollegen zu treffen noch bis tief in die Nacht zu schreiben. Die *Fan-*

1 *Bureau* (frz.): Büro, Amt
2 E.T.A. Hoffmanns Leben und Werk in Daten und Bildern, S. 94
3 Vgl. Christoph Wetzel: E.T.A. Hoffmann. Die großen Klassiker. Literatur der Welt in Bildern, Texten und Daten. Salzburg: Andreas 1981, S. 74

tasiestücke werden zu einem echten Publikumserfolg, die Almanach-Verleger reißen sich um seine Erzählungen. Am 14. 5. 1815 schreibt er an seinen Freund Fouqué:

> Ich habe jetzt Folgendes zu tun:
> 1) Allerlei Diebe, Notzüchtiger, Betrüger pp liegen auf dem grünen Tisch und warten, dass ich sie einigermaßen prügle und ins Zuchthaus schicke [...].
> 2) Muss ich den zweiten Teil der *Elixiere des Teufels* vollenden, [...] da ich gesonnen bin, nächstens bei Dietrich Merkliches vom Honorar zu verfressen.
> 3) Ein großes Paket Recensenda[1] für die musikalische Zeitung blickt mich in gräulichem Umschlag recht gespenstisch an und ihm ertönen dumpfe Stimmen: Erlöse – erlöse – erlöse uns aus dem Fegefeuer, in dem wir schmachten!!! [...]
> 4) [Hat mein Verleger zur nächsten Buchmesse *Leichte Stunden eines wahnsinnigen Musikers, ein Buch für Kenner* angekündigt.] Ich muss also aus Höflichkeit wirklich: *Leichte Stunden e. w. M.* schreiben.
> 5) Habe ich [einen Aufsatz veröffentlicht] und dadurch die Quälerei veranlasst, die man jetzt mit dem: Mehr! Mehr! an mir übt.
> 6) Bin ich sehr faul![2]

Den sechsten Punkt kann man ihm nicht recht glauben, denn seine Berliner Jahre sind äußerst produktiv. In dieser Zeit veröffentlicht er u. a. die *Elixiere des Teufels* (1815/16), die *Nachtstücke* (1816/17, im ersten Band erscheint auch der *Sandmann*), die *Serapions-Brüder* (1819/20), die *Lebens-Ansichten des Katers Murr* (1820–22), *Prinzessin Brambilla* (1821) und *Meister Floh* (1822). Dieses letzte Werk beschert ihm ein Disziplinarverfahren, dessen Abschluss Hoffmann jedoch nicht mehr erlebt.

Die Hintergründe dieses Verfahrens sind diese: 1819 wird Hoffmann in die „Kommission zur Ermittlung hochverräterischer Verbindungen" berufen, ein Posten, der ihn durch sein Rechtsempfinden oft in Opposition zu seinen Vorgesetzten bringt, die politisch Andersdenkende mit polizeilicher Härte und juristischer Willkür verfolgen. Hoffmann belegt die Haltlosigkeit vieler Anschuldigungen mit seinen Gutachten. Die in der Kommissionsarbeit gemachten Erfahrungen fließen in den *Meister Floh* ein, vor allem der Direktor des Polizeiministeriums wird darin karikiert. Daraufhin wird das Buch Ende Januar 1822 beschlagnahmt und Hoffmann wegen Majestätsbeleidigung und Verrat von Amtsgeheimnissen verklagt. Inzwischen ist er jedoch so krank, dass er seine Verteidigungsschrift diktieren muss. Sein körperlicher Zustand verschlimmert sich von Tag zu Tag. Schließlich ist er völlig gelähmt und stirbt am 25. 6. 1822.

1 *Recensenda:* Rezensionen
2 E.T.A. Hoffmanns Leben und Werk in Daten und Bildern, S. 95

DER SANDMANN

Nathanael[1] an Lothar

Gewiss seid Ihr alle voll Unruhe, dass ich so lange – lange nicht geschrieben. Mutter zürnt wohl und Clara[2] mag glauben, ich lebe hier in Saus und Braus und vergesse mein holdes Engelsbild, so tief mir in Herz und Sinn eingeprägt, ganz und gar. – Dem ist aber nicht so; täglich und stündlich gedenke ich Eurer aller und in süßen Träumen geht meines holden Clärchens freundliche Gestalt vorüber und lächelt mich mit ihren hellen Augen so anmutig an, wie sie wohl pflegte, wenn ich zu Euch hineintrat. – Ach, wie vermochte ich denn Euch zu schreiben, in der zerrissenen Stimmung des Geistes, die mir bisher alle Gedanken verstörte! – Etwas Entsetzliches ist in mein Leben getreten! – Dunkle Ahnungen eines grässlichen, mir drohenden Geschicks breiten sich wie schwarze Wolkenschatten über mich aus, undurchdringlich jedem freundlichen Sonnenstrahl. – Nun soll ich Dir sagen, was mir widerfuhr. Ich muss es, das sehe ich ein, aber nur es denkend, lacht es wie toll aus mir heraus. – Ach, mein herzlieber Lothar! Wie fange ich es denn an, Dich nur einigermaßen empfinden zu lassen, dass das, was mir vor einigen Tagen geschah, denn wirklich mein Leben so feindlich zerstören konnte! Wärst Du nur hier, so könntest Du selbst schauen; aber jetzt hältst Du mich gewiss für einen aberwitzigen[3] Geisterseher. – Kurz und gut, das Entsetzliche, was mir geschah, dessen tödlichen Eindruck zu vermeiden ich mich vergebens bemühe, besteht in nichts anderm, als dass vor einigen Tagen, nämlich am 30. Oktober mittags um 12 Uhr[4], ein Wetterglashändler[5] in meine Stube trat und mir seine Ware anbot. Ich kaufte nichts und drohte, ihn die Treppe herabzuwerfen, worauf er aber von selbst fortging.

Du ahnest, dass nur ganz eigne, tief in mein Leben eingreifende Beziehungen diesem Vorfall Bedeutung geben können, ja, dass wohl die Person jenes unglückseligen Krämers[6] gar feindlich auf mich wirken muss. So ist es in der Tat. Mit aller Kraft fasse ich mich zusammen, um ruhig und geduldig Dir aus meiner frühern Jugendzeit so viel zu erzählen, dass Deinem regen Sinn alles klar und deutlich in leuchtenden Bildern aufgehen wird. Indem ich anfangen will, höre ich Dich lachen und Clara sagen: „Das sind ja rechte Kindereien!“ – Lacht, ich bitte Euch, lacht mich recht herzlich

1 *Nathanael* (hebräisch): „Gottesgeschenk“. Die griechische Entsprechung lautet „Theodor“, Hoffmanns zweiter Vorname.
2 *Clara* (lat.): die Leuchtende, Helle
3 *aberwitzigen*: Da „Witz“ mit „Vernunft, Verstand“ gleichgesetzt wurde, bedeutet „Aberwitz“ so viel wie „Unvernunft“.
4 *mittags um 12 Uhr*: Auch mittags kommt die Stunde der Geister, da die Götter um diese Zeit schlafen und die Dämonen ungestört ihrem Spuk nachgehen können.
5 *Wetterglashändler*: handelt mit Instrumenten zur Wetterbestimmung (Thermometern, Barometern)
6 *Krämer*: Kleinhändler im Gegensatz zum Kaufmann

aus! – Ich bitt Euch sehr! – Aber Gott im Himmel! Die Haare sträuben sich mir und es ist, als flehe ich Euch an, mich auszulachen, in wahnsinniger Verzweiflung, wie Franz Moor den Daniel[1]. – Nun fort zur Sache!

Außer dem Mittagsessen sahen wir, ich und mein Geschwister, tagsüber den Vater wenig. Er mochte mit seinem Dienst viel beschäftigt sein. Nach dem Abendessen, das alter Sitte gemäß schon um sieben Uhr aufgetragen wurde, gingen wir alle, die Mutter mit uns, in des Vaters Arbeitszimmer und setzten uns um einen runden Tisch. Der Vater rauchte Tabak und trank ein großes Glas Bier dazu. Oft erzählte er uns viele wunderbare Geschichten und geriet darüber so in Eifer, dass ihm die Pfeife immer ausging, die ich, ihm brennend Papier hinhaltend, wieder anzünden musste, welches mir denn ein Hauptspaß war. Oft gab er uns aber Bilderbücher in die Hände, saß stumm und starr in seinem Lehnstuhl und blies starke Dampfwolken von sich, dass wir alle wie im Nebel schwammen. An solchen Abenden war die Mutter sehr traurig, und kaum schlug die Uhr neun, so sprach sie: „Nun Kinder! – Zu Bette! Zu Bette! Der Sandmann[2] kommt, ich merk es schon." Wirklich hörte ich dann jedes Mal etwas schweren, langsamen Tritts die Treppe heraufpoltern; das musste der Sandmann sein. Einmal war mir jenes dumpfe Treten und Poltern besonders graulich; ich frug die Mutter, indem sie uns fortführte: „Ei Mama! Wer ist denn der böse Sandmann, der uns immer von Papa forttreibt? – Wie sieht er denn aus?" – „Es gibt keinen Sandmann, mein liebes Kind", erwiderte die Mutter: „Wenn ich sage, der Sandmann kommt, so will das nur heißen, ihr seid schläfrig und könnt die Augen nicht offen behalten, als hätte man euch Sand hineingestreut." – Der Mutter Antwort befriedigte mich nicht, ja in meinem kindischen[3] Gemüt entfaltete sich deutlich der Gedanke, dass die Mutter den Sandmann nur verleugne, damit wir uns vor ihm nicht fürchten sollten, ich hörte ihn ja immer die Treppe heraufkommen. Voll Neugierde, Näheres von diesem Sandmann und seiner Beziehung auf uns Kinder zu erfahren, frug ich endlich die alte Frau, die meine jüngste Schwester wartete[4]: was denn das für ein Mann sei, der Sandmann? „Ei Thanaelchen[5]", erwiderte diese, „weißt du das noch nicht? Das ist ein böser Mann, der kommt zu den Kindern, wenn sie nicht zu Bett gehen wollen und wirft ihnen Händevoll Sand in die Augen, dass sie blutig zum Kopf herausspringen, die wirft er dann in den Sack und trägt sie in den Halbmond zur Atzung[6] für seine Kinderchen; die sitzen dort im Nest und haben krumme Schnäbel, wie die Eulen, damit picken sie der unartigen Menschenkindlein Augen

1 *wie Franz Moor den Daniel*: In Schillers Drama *Die Räuber* (V, 1) bittet Franz Moor „totenbleich" und fast wahnsinnig von Angstträumen seinen Diener Daniel, ihn „derb" auszulachen, um zu zeigen, dass der die Träume als „tolles Zeug" und Gespinste eines „aberwitzigen, abgeschmackten Narren" ansieht.

2 *Sandmann*: Der Sandmann ist in den bekannten Sagen und Märchen durchweg freundlicher Natur.

3 *kindisch*: früher gleichbedeutend mit „kindlich", im 18. Jh. jedoch schon tadelnd gebraucht

4 *wartete*: versorgte

5 *Thanaelchen*: Koseform von Nathanael

6 *Atzung*: Futter für (Greif-)Vögel

auf.“ – Grässlich malte sich nun im Innern mir das Bild des grausamen Sandmanns aus; sowie es abends die Treppe heraufpolterte, zitterte ich vor Angst und Entsetzen. Nichts als den unter Tränen hergestotterten Ruf. „Der Sandmann! Der Sandmann!“ konnte die Mutter aus mir herausbringen. Ich lief darauf in das Schlafzimmer und wohl die ganze Nacht über quälte mich die fürchterliche Erscheinung des Sandmanns. – Schon alt genug war ich geworden, um einzusehen, dass das mit dem Sandmann und seinem Kindernest im Halbmonde, so wie es mir die Wartefrau[1] erzählt hatte, wohl nicht ganz seine Richtigkeit haben könne; indessen blieb mir der Sandmann ein fürchterliches Gespenst und Grauen – Entsetzen ergriff mich, wenn ich ihn nicht allein die Treppe heraufkommen, sondern auch meines Vaters Stubentür heftig aufreißen und hineintreten hörte. Manchmal blieb er lange weg, dann kam er öfter hintereinander. Jahrelang dauerte das und nicht gewöhnen konnte ich mich an den unheimlichen Spuk, nicht bleicher wurde in mir das Bild des grausigen Sandmanns. Sein Umgang mit dem Vater fing an, meine Fantasie immer mehr und mehr zu beschäftigen: Den Vater darum zu befragen hielt mich eine unüberwindliche Scheu zurück, aber selbst – selbst das Geheimnis zu erforschen, den fabelhaften Sandmann zu sehen, dazu keimte mit den Jahren immer mehr die Lust in mir empor. Der Sandmann hatte mich auf die Bahn des Wunderbaren, Abenteuerlichen gebracht, das so schon leicht im kindlichen Gemüt sich einnistet. Nichts war mir lieber, als schauerliche Geschichten von Kobolden, Hexen, Däumlingen usw. zu hören oder zu lesen; aber obenan stand immer der Sandmann, den ich in den seltsamsten, abscheulichsten Gestalten überall auf Tische, Schränke und Wände mit Kreide, Kohle hinzeichnete. Als ich zehn Jahre alt geworden, wies mich die Mutter aus der Kinderstube in ein Kämmerchen, das auf dem Korridor unfern von meines Vaters Zimmer lag. Noch immer mussten wir uns, wenn auf den Schlag neun Uhr sich jener Unbekannte im Hause hören ließ, schnell entfernen. In meinem Kämmerchen vernahm ich, wie er bei dem Vater hineintrat, und bald darauf war es mir dann, als verbreite sich im Hause ein feiner, seltsam riechender Dampf. Immer höher mit der Neugierde wuchs der Mut, auf irgendeine Weise des Sandmanns Bekanntschaft zu machen. Oft schlich ich schnell aus dem Kämmerchen auf den Korridor, wenn die Mutter vorübergegangen, aber nichts konnte ich erlauschen, denn immer war der Sandmann schon zur Türe hinein, wenn ich den Platz erreicht hatte, wo er mir sichtbar werden musste. Endlich von unwiderstehlichem Drange getrieben, beschloss ich, im Zimmer des Vaters selbst mich zu verbergen und den Sandmann zu erwarten.

An des Vaters Schweigen, an der Mutter Traurigkeit merkte ich eines Abends, dass der Sandmann kommen werde; ich schützte daher große Müdigkeit vor, verließ schon vor neun Uhr das Zimmer und verbarg mich dicht neben der Türe in einen Schlupfwinkel. Die Haustür knarrte, durch den Flur ging es, langsamen, schweren, dröhnenden Schrittes nach der Treppe. Die Mutter eilte mit dem Geschwister mir vorüber. Leise – leise öffnete ich des Vaters Stubentür. Er saß, wie gewöhnlich, stumm und starr den Rücken der Türe zugekehrt, er bemerkte mich nicht, schnell war ich

1 *Wartefrau*: Kinderfrau

hinein und hinter der Gardine, die einem gleich neben der Türe stehenden offnen Schrank, worin meines Vaters Kleider hingen, vorgezogen war. – Näher – immer näher dröhnten die Tritte – es hustete und scharrte und brummte seltsam draußen. Das Herz bebte mir vor Angst und Erwartung. – Dicht, dicht vor der Türe ein scharfer Tritt – ein heftiger Schlag auf die Klinke, die Tür springt rasselnd auf! – Mit Gewalt mich ermannend[1] gucke ich behutsam hervor. Der Sandmann steht mitten in der Stube vor meinem Vater, der helle Schein der Lichter brennt ihm ins Gesicht! – Der Sandmann, der fürchterliche Sandmann ist der alte Advokat[2] Coppelius[3], der manchmal bei uns zu Mittage isst!

E. T. A. Hoffmanns eigene Illustration zum *Sandmann* (Federzeichnung, 1815/16)

Aber die grässlichste Gestalt hätte mir nicht tieferes Entsetzen erregen können als eben dieser Coppelius. – Denke Dir einen großen, breitschultrigen Mann mit einem unförmlich dicken Kopf, erdgelbem Gesicht, buschigten grauen Augenbrauen, unter denen ein Paar grünliche Katzenaugen stechend hervorfunkeln, großer, starker über die Oberlippe gezogener Nase. Das schiefe Maul verzieht sich oft zum hämischen Lachen; dann werden auf den Backen ein paar dunkelrote Flecke sichtbar und ein

1 *mich ermannend*: mich stärkend, aufrichtend
2 *Advokat*: Rechtsanwalt
3 *Coppelius*: coppo (ital.): Becher, Schale, Augenhöhle; coppella (ital.): Schmelztiegel. Aus diesem Stamm bildete sich auch „kupellieren“, das Trennen von edlen und unedlen Metallen.

seltsam zischender Ton fährt durch die zusammengekniffenen Zähne. Coppelius erschien immer in einem altmodisch zugeschnittenen aschgrauen Rocke, ebensolcher Weste und gleichen Beinkleidern, aber dazu schwarze Strümpfe und Schuhe mit kleinen Steinschnallen. Die kleine Perücke reichte kaum bis über den Kopfwirbel heraus, die Kleblocken[1] standen hoch über den großen roten Ohren und ein breiter verschlossener Haarbeutel[2] starrte von dem Nacken weg, sodass man die silberne Schnalle sah, die die gefältelte Halsbinde[3] schloss. Die ganze Figur war überhaupt widrig und abscheulich; aber vor allem waren uns Kindern seine großen, knotigten, haarigten Fäuste zuwider, sodass wir, was er damit berührte, nicht mehr mochten. Das hatte er bemerkt und nun war es seine Freude, irgendein Stückchen Kuchen oder eine süße Frucht, die uns die gute Mutter heimlich auf den Teller gelegt, unter diesem oder jenem Vorwande zu berühren, dass wir, helle Tränen in den Augen, die Näscherei, der wir uns erfreuen sollten, nicht mehr genießen mochten vor Ekel und Abscheu. Ebenso machte er es, wenn uns an Feiertagen der Vater ein klein Gläschen süßen Weins eingeschenkt hatte. Dann fuhr er schnell mit der Faust herüber oder brachte wohl gar das Glas an die blauen Lippen und lachte recht teuflisch, wenn wir unsern Ärger nur leise schluchzend äußern durften. Er pflegte uns nur immer die kleinen Bestien zu nennen; wir durften, war er zugegen, keinen Laut von uns geben und verwünschten den hässlichen, feindlichen Mann, der uns recht mit Bedacht und Absicht auch die kleinste Freude verdarb. Die Mutter schien ebenso wie wir den widerwärtigen Coppelius zu hassen; denn sowie er sich zeigte, war ihr Frohsinn, ihr heiteres, unbefangenes Wesen umgewandelt in traurigen, düstern Ernst. Der Vater betrug sich gegen ihn, als sei er ein höheres Wesen, dessen Unarten man dulden und das man auf jede Weise bei guter Laune erhalten müsse. Er durfte nur leise andeuten und Lieblingsgerichte wurden gekocht und seltene Weine kredenzt[4].

Als ich nun diesen Coppelius sah, ging es grausig und entsetzlich in meiner Seele auf, dass ja niemand anders als er der Sandmann sein könne, aber der Sandmann war mir nicht mehr jener Popanz[5] aus dem Ammenmärchen, der dem Eulennest im Halbmonde Kinderaugen zur Atzung holt – nein! – ein hässlicher, gespenstischer Unhold, der überall, wo er einschreitet, Jammer – Not – zeitliches, ewiges Verderben bringt.

Ich war fest gezaubert. Auf die Gefahr, entdeckt und, wie ich deutlich dachte, hart gestraft zu werden, blieb ich stehen, den Kopf lauschend durch die Gardine hervorgestreckt. Mein Vater empfing den Coppelius feierlich. „Auf! – Zum Werk“, rief dieser mit heiserer, schnurrender Stimme und warf den Rock ab. Der Vater zog still und finster seinen Schlafrock aus und beide kleideten sich in lange, schwarze Kittel. Wo sie die hernahmen, hatte ich übersehen. Der Vater öffnete die Flügeltür eines Wandschranks; aber ich sah, dass das, was ich so lange dafür gehalten, kein Wand-

1 *Kleblocken*: Haarrollen, die seitlich an Perücken angeklebt waren
2 *Haarbeutel*: Beutel, in den die Haare des Hinterkopfes eingebunden wurden
3 *Halsbinde*: mit einer Spange geschlossener Halsschmuck aus Stoff, Vorläufer der Krawatte
4 *kredenzt*: feierlich überreicht
5 *Popanz*: Schreckgestalt

schrank, sondern vielmehr eine schwarze Höhlung war, in der ein kleiner Herd stand. Coppelius trat hinzu und eine blaue Flamme knisterte auf dem Herde empor. Allerlei seltsames Geräte stand umher. Ach Gott! – Wie sich nun mein alter Vater zum Feuer herabbückte, da sah er ganz anders aus. Ein grässlicher, krampfhafter Schmerz schien seine sanften, ehrlichen Züge zum hässlichen, widerwärtigen Teufelsbilde verzogen zu haben. Er sah dem Coppelius ähnlich. Dieser schwang die glutrote Zange und holte damit hellblinkende Massen aus dem dicken Qualm, die er dann emsig hämmerte. Mir war es, als würden Menschengesichter ringsumher sichtbar, aber ohne Augen – scheußliche, tiefe schwarze Höhlen statt ihrer. „Augen her[1], Augen her!“, rief Coppelius mit dumpfer, dröhnender Stimme. Ich kreischte auf, von wildem Entsetzen gewaltig erfasst, und stürzte aus meinem Versteck heraus auf den Boden. Da ergriff mich Coppelius, „Kleine Bestie! – Kleine Bestie!“, meckerte er zähnfletschend! – riss mich auf und warf mich auf den Herd, dass die Flamme mein Haar zu sengen begann: „Nun haben wir Augen – Augen – ein schön Paar Kinderaugen.“ So flüsterte Coppelius und griff mit den Fäusten glutrote Körner aus der Flamme, die er mir in die Augen streuen wollte. Da hob mein Vater flehend die Hände empor und rief. „Meister! Meister! Lass meinem Nathanael die Augen – lass sie ihm!“ Coppelius lachte gellend auf und rief. „Mag denn der Junge die Augen behalten und sein Pensum[2] flennen in der Welt; aber nun wollen wir doch den Mechanismus der Hände und der Füße recht observieren[3].“ Und damit fasste er mich gewaltig, dass die Gelenke knackten, und schrob[4] mir die Hände ab und die Füße und setzte sie bald hier, bald dort wieder ein. „'s steht doch überall nicht recht! 's gut so, wie es war! – Der Alte hat's verstanden!“ So zischte und lispelte Coppelius; aber alles um mich her wurde schwarz und finster, ein jäher Krampf durchzuckte Nerv und Gebein – ich fühlte nichts mehr. Ein sanfter, warmer Hauch glitt über mein Gesicht, ich erwachte wie aus dem Todesschlaf, die Mutter hatte sich über mich hingebeugt. „Ist der Sandmann noch da?“, stammelte ich. „Nein, mein liebes Kind, der ist lange, lange fort, der tut dir keinen Schaden!“ – So sprach die Mutter und küsste und herzte den wiedergewonnenen Liebling.

Was soll ich Dich ermüden, mein herzlieber Lothar! Was soll ich so weitläufig Einzelnes hererzählen, da noch so vieles zu sagen übrig bleibt? Genug! – Ich war bei der Lauscherei entdeckt und von Coppelius gemisshandelt worden. Angst und Schrecken hatten mir ein hitziges Fieber zugezogen, an dem ich mehrere Wochen krank lag. „Ist der Sandmann noch da?“ – Das war mein erstes gesundes Wort und das Zeichen meiner Genesung, meiner Rettung. – Nur noch den schrecklichsten

1 *Augen her*: Frühe Sehtheorien betrachten das Auge nicht bloß als nur aufnehmendes Organ, sondern sprechen ihm eine aktive Rolle zu: Der Sehstrahl gehe vom Auge aus und vermittele die Wahrnehmung dadurch, dass er den Gegenstand treffe und dadurch gewissermaßen beleuchte. Augen spielten bei magischen Handlungen eine wichtige Rolle: So wird dem künstlich geschaffenen Menschen erst durch die Augen eine Seele eingefügt.

2 *Pensum*: zugeteilte Arbeit, Aufgabe; hier: Teil

3 *observieren*: beobachten, überprüfen

4 *schrob*: schraubte

Moment meiner Jugendjahre darf ich Dir erzählen; dann wirst Du überzeugt sein, dass es nicht meiner Augen Blödigkeit[1] ist, wenn mir nun alles farblos erscheint, sondern, dass ein dunkles Verhängnis wirklich einen trüben Wolkenschleier über mein Leben gehängt hat, den ich vielleicht nur sterbend zerreiße.

Coppelius ließ sich nicht mehr sehen, es hieß, er habe die Stadt verlassen.

Ein Jahr mochte vergangen sein, als wir der alten, unveränderten Sitte gemäß abends an dem runden Tische saßen. Der Vater war sehr heiter und erzählte viel Ergötzliches von den Reisen, die er in seiner Jugend gemacht. Da hörten wir, als es neune schlug, plötzlich die Haustür in den Angeln knarren und langsame, eisenschwere Schritte dröhnten durch den Hausflur die Treppe herauf. „Das ist Coppelius", sagte meine Mutter erblassend. „Ja! – Es ist Coppelius", wiederholte der Vater mit matter, gebrochener Stimme. Die Tränen stürzten der Mutter aus den Augen. „Aber Vater, Vater!", rief sie. „Muss es denn so sein?" – „Zum letzten Male!", erwiderte dieser. „Zum letzten Male kommt er zu mir, ich verspreche es dir. Geh nur, geh mit den Kindern! – Geht – geht zu Bette! Gute Nacht!"

Mir war es, als sei ich in schweren, kalten Stein eingepresst – mein Atem stockte! – Die Mutter ergriff mich beim Arm, als ich unbeweglich stehen blieb: „Komm Nathanael, komme nur!" Ich ließ mich fortführen, ich trat in meine Kammer. „Sei ruhig, sei ruhig, lege dich ins Bette! – Schlafe – schlafe", rief mir die Mutter nach; aber von unbeschreiblicher innerer Angst und Unruhe gequält, konnte ich kein Auge zutun. Der verhasste, abscheuliche Coppelius stand vor mir mit funkelnden Augen und lachte mich hämisch an, vergebens trachtete ich sein Bild loszuwerden. Es mochte wohl schon Mitternacht sein, als ein entsetzlicher Schlag geschah, wie wenn ein Geschütz losgefeuert würde. Das ganze Haus erdröhnte, es rasselte und rauschte bei meiner Türe vorüber, die Haustüre wurde klirrend zugeworfen. „Das ist Coppelius!", rief ich entsetzt und sprang aus dem Bette. Da kreischte es auf in schneidendem trostlosen Jammer, fort stürzte ich nach des Vaters Zimmer, die Türe stand offen, erstickender Dampf quoll mir entgegen, das Dienstmädchen schrie: „Ach, der Herr! – der Herr!" – Vor dem dampfenden Herde auf dem Boden lag mein Vater tot mit schwarz verbranntem, grässlich verzerrtem Gesicht, um ihn herum heulten und winselten die Schwestern – die Mutter ohnmächtig daneben! – „Coppelius, verruchter Satan, du hast den Vater erschlagen!" – So schrie ich auf, mir vergingen die Sinne. Als man zwei Tage darauf meinen Vater in den Sarg legte, waren seine Gesichtszüge wieder mild und sanft geworden, wie sie im Leben waren. Tröstend ging es in meiner Seele auf, dass sein Bund mit dem teuflischen Coppelius ihn nicht ins ewige Verderben gestürzt haben könne.

Die Explosion hatte die Nachbarn geweckt, der Vorfall wurde ruchbar und kam vor die Obrigkeit, welche den Coppelius zur Verantwortung vorfordern wollte. Der war aber spurlos vom Orte verschwunden.

Wenn ich Dir nun sage, mein herzlieber Freund!, dass jener Wetterglashändler eben der verruchte Coppelius war, so wirst Du mir es nicht verargen, dass ich die

1 *Blödigkeit*: Schwäche

feindliche Erscheinung als schweres Unheil bringend deute. Er war anders gekleidet, aber Coppelius' Figur und Gesichtszüge sind zu tief in mein Innerstes eingeprägt, als dass hier ein Irrtum möglich sein sollte. Zudem hat Coppelius nicht einmal seinen Namen geändert. Er gibt sich hier, wie ich höre, für einen piemontesischen Mechanikus[1] aus und nennt sich Giuseppe Coppola.

Ich bin entschlossen es mit ihm aufzunehmen und des Vaters Tod zu rächen, mag es denn nun gehen, wie es will.

Der Mutter erzähle nichts von dem Erscheinen des grässlichen Unholds – Grüße meine liebe holde Clara, ich schreibe ihr in ruhigerer Gemütsstimmung. Lebe wohl etc. etc.

Clara an Nathanael

Wahr ist es, dass Du recht lange mir nicht geschrieben hast, aber dennoch glaube ich, dass Du mich in Sinn und Gedanken[2] trägst. Denn meiner gedachtest Du wohl recht lebhaft, als Du Deinen letzten Brief an Bruder Lothar absenden wolltest und die Aufschrift statt an ihn an mich richtetest. Freudig erbrach ich den Brief und wurde den Irrtum erst bei den Worten inne: „Ach, mein herzlieber Lothar!" – Nun hätte ich nicht weiterlesen, sondern den Brief dem Bruder geben sollen. Aber, hast Du mir auch sonst manchmal in kindischer Neckerei vorgeworfen, ich hätte solch ruhiges, weiblich besonnenes Gemüt, dass ich wie jene Frau, drohe das Haus den Einsturz, noch vor schneller Flucht ganz geschwinde einen falschen Kniff in der Fenstergardine glattstreichen würde, so darf ich doch wohl kaum versichern, dass Deines Briefes Anfang mich tief erschütterte. Ich konnte kaum atmen, es flimmerte mir vor den Augen. – Ach, mein herzgeliebter Nathanael! Was konnte so Entsetzliches in Dein Leben getreten sein! Trennung von Dir, Dich niemals wiedersehen, der Gedanke durchfuhr meine Brust wie ein glühender Dolchstich. – Ich las und las! – Deine Schilderung des widerwärtigen Coppelius ist grässlich. Erst jetzt vernahm ich, wie Dein guter alter Vater solch entsetzlichen, gewaltsamen Todes starb. Bruder Lothar, dem ich sein Eigentum zustellte, suchte mich zu beruhigen, aber es gelang ihm schlecht. Der fatale Wetterglashändler Giuseppe Coppola verfolgte mich auf Schritt und Tritt und beinahe schäme ich mich es zu gestehen, dass er selbst meinen gesunden, sonst so ruhigen Schlaf in allerlei wunderlichen Traumgebilden zerstören konnte. Doch bald, schon den andern Tag, hatte sich alles anders in mir gestaltet. Sei mir nur nicht böse, mein Inniggeliebter, wenn Lothar Dir etwa sagen möchte, dass

1 *piemontesischen Mechanikus*: Konstrukteur und Bauer von Maschinen aus der nordital. Region Piemont

2 *Sinn und Gedanken*: „Sinn" kann mit verschiedenen Bedeutungen belegt werden: Zunächst bezeichnen die Sinne die Wahrnehmungsorgane des Menschen, sind also eng mit den Empfindungen verknüpft. Allgemeiner steht „Sinn" für das innere Wesen des Menschen; dem gegenüber stehen die dem Verstand zugeordneten „Gedanken".

ich trotz Deiner seltsamen Ahnung, Coppelius werde Dir etwas Böses antun, ganz heitern, unbefangenen Sinnes bin, wie immer.

Geradeheraus will ich es Dir nur gestehen, dass, wie ich meine, alles Entsetzliche und Schreckliche, wovon Du sprichst, nur in Deinem Innern vorging, die wahre, wirkliche Außenwelt aber daran wohl wenig teilhatte. Widerwärtig genug mag der alte Coppelius gewesen sein, aber dass er Kinder hasste, das brachte in Euch Kindern wahren Abscheu gegen ihn hervor.

Natürlich verknüpfte sich nun in Deinem kindischen Gemüt der schreckliche Sandmann aus dem Ammenmärchen mit dem alten Coppelius, der Dir, glaubtest Du auch nicht an den Sandmann, ein gespenstischer, Kindern vorzüglich gefährlicher Unhold blieb. Das unheimliche Treiben mit Deinem Vater zur Nachtzeit war wohl nichts anders, als dass beide insgeheim alchimistische Versuche[1] machten, womit die Mutter nicht zufrieden sein konnte, da gewiss viel Geld unnütz verschleudert und obendrein, wie es immer mit solchen Laboranten[2] der Fall sein soll, des Vaters Gemüt ganz von dem trügerischen Drange nach hoher Weisheit erfüllt, der Familie abwendig gemacht wurde. Der Vater hat wohl gewiss durch eigne Unvorsichtigkeit seinen Tod herbeigeführt und Coppelius ist nicht schuld daran: Glaubst Du, dass ich den erfahrnen Nachbar Apotheker gestern frug, ob wohl bei chemischen Versuchen eine solche augenblicklich tötende Explosion möglich sei? Der sagte: „Ei allerdings“ und beschrieb mir nach seiner Art gar weitläufig und umständlich, wie das zugehen könne, und nannte dabei so viel sonderbar klingende Namen, die ich gar nicht zu behalten vermochte. – Nun wirst Du wohl unwillig werden über Deine Clara, Du wirst sagen: „In dies kalte Gemüt dringt kein Strahl des Geheimnisvollen, das den Menschen oft mit unsichtbaren Armen umfasst; sie erschaut nur die bunte Oberfläche der Welt und freut sich wie das kindische Kind über die goldgleißende Frucht, in deren Innern tödliches Gift verborgen.“

Ach, mein herzgeliebter Nathanael! Glaubst Du denn nicht, dass auch in heitern – unbefangenen – sorglosen Gemütern die Ahnung wohnen könne von einer dunklen Macht, die feindlich uns in unserm eignen Selbst zu verderben strebt? Aber verzeih es mir, wenn ich einfältig Mädchen mich unterfange, auf irgendeine Weise Dir anzudeuten, was ich eigentlich von solchem Kampfe im Innern glaube. – Ich finde wohl gar am Ende nicht die rechten Worte und Du lachst mich aus, nicht, weil ich was Dummes meine, sondern weil ich mich so ungeschickt anstelle, es zu sagen.

Gibt es eine dunkle Macht, die so recht feindlich und verräterisch einen Faden in unser Inneres legt, woran sie uns dann festpackt und fortzieht auf einem gefahrvollen, verderblichen Wege, den wir sonst nicht betreten haben würden – gibt es eine

1 *alchimistische Versuche*: Beschäftigung mit chemischen Stoffen mit dem Ziel, die Materie durch Aufarbeitung aus einem unvollkommenen in einen vollkommenen Zustand zu bringen, also z. B. unreine Metalle in Gold zu verwandeln. Die Alchimie ging dabei nicht nur wissenschaftlich-beobachtend vor, sondern verarbeitete auch naturphilosophische Vorstellungen.

2 *Laboranten*: Forschern

solche Macht, so muss sie in uns sich, wie wir selbst gestalten, ja unser Selbst werden; denn nur *so* glauben wir an sie und räumen ihr den Platz ein, dessen sie bedarf, um jenes geheime Werk zu vollbringen. Haben wir festen, durch das heitre Leben gestärkten Sinn genug, um fremdes, feindliches Einwirken als solches stets zu erkennen und den Weg, in den uns Neigung und Beruf geschoben, ruhigen Schrittes zu verfolgen, so geht wohl jene unheimliche Macht unter in dem vergeblichen Ringen nach der Gestaltung, die unser eignes Spiegelbild sein sollte. Es ist auch gewiss, fügt Lothar hinzu, dass die dunkle psychische Macht, haben wir uns durch uns selbst ihr hingegeben, oft fremde Gestalten, die die Außenwelt uns in den Weg wirft, in unser Inneres hineinzieht, so, dass wir selbst nur den Geist entzünden, der, wie wir in wunderlicher Täuschung glauben, aus jener Gestalt spricht. Es ist das Phantom unseres eigenen Ichs, dessen innige Verwandtschaft und dessen tiefe Einwirkung auf unser Gemüt uns in die Hölle wirft oder in den Himmel verzückt. – Du merkst, mein herzlieber Nathanael!, dass wir, ich und Bruder Lothar, uns recht über die Materie von dunklen Mächten und Gewalten ausgesprochen haben, die mir nun, nachdem ich nicht ohne Mühe das Hauptsächlichste aufgeschrieben, ordentlich tiefsinnig vorkommt. Lothars letzte Worte verstehe ich nicht ganz, ich ahne nur, was er meint, und doch ist es mir, als sei alles sehr wahr. Ich bitte Dich, schlage Dir den hässlichen Advokaten Coppelius und den Wetterglasmann Giuseppe Coppola ganz aus dem Sinn. Sei überzeugt, dass diese fremden Gestalten nichts über Dich vermögen; nur der Glaube an ihre feindliche Gewalt kann sie Dir in der Tat feindlich machen. Spräche nicht aus jeder Zeile Deines Briefes die tiefste Aufregung Deines Gemüts, schmerzte mich nicht Dein Zustand recht in innerster Seele, wahrhaftig, ich könnte über den Advokaten Sandmann und den Wetterglashändler Coppelius scherzen. Sei heiter – heiter! – Ich habe mir vorgenommen, bei Dir zu erscheinen, wie Dein Schutzgeist, und den hässlichen Coppola, sollte er es sich etwa beikommen[1] lassen, Dir im Traum beschwerlich zu fallen, mit lautem Lachen fortzubannen. Ganz und gar nicht fürchte ich mich vor ihm und vor seinen garstigen Fäusten, er soll mir weder als Advokat eine Näscherei noch als Sandmann die Augen verderben.

Ewig, mein herzinnigstgeliebter Nathanael, etc. etc. etc.

1 *beikommen*: einfallen

Nathanael an Lothar

Sehr unlieb ist es mir, dass Clara neulich den Brief an Dich aus, freilich durch meine Zerstreutheit veranlagtem, Irrtum erbrach und las. Sie hat mir einen sehr tiefsinnigen, philosophischen Brief geschrieben, worin sie ausführlich beweiset, dass Coppelius und Coppola nur in meinem Innern existieren und Phantome meines Ichs sind, die augenblicklich zerstäuben, wenn ich sie als solche erkenne. In der Tat, man sollte gar nicht glauben, dass der Geist, der aus solch hellen, hold lächelnden Kindesaugen oft wie ein lieblicher, süßer Traum hervorleuchtet, so gar verständig, so magistermäßig distinguieren[1] könne. Sie beruft sich auf Dich. Ihr habt über mich gesprochen. Du liesest ihr wohl logische Collegia[2], damit sie alles fein sichten und sondern[3] lerne. – Lass das bleiben! – Übrigens ist es wohl gewiss, dass der Wetterglashändler Giuseppe Coppola keinesweges der alte Advokat Coppelius ist. Ich höre bei dem erst neuerdings angekommenen Professor der Physik, der, wie jener berühmte Naturforscher, Spalanzani[4] heißt und italienischer Abkunft ist, Kollegia. Der kennt den Coppola schon seit vielen Jahren und überdem hört man es auch seiner Aussprache an, dass er wirklich Piemonteser ist. Coppelius war ein Deutscher, aber wie mich dünkt, kein ehrlicher. Ganz beruhigt bin ich nicht. Haltet Ihr, Du und Clara, mich immerhin für einen düstern Träumer, aber nicht los kann ich den Eindruck werden, den Coppelius' verfluchtes Gesicht auf mich macht. Ich bin froh, dass er fort ist aus der Stadt, wie mir Spalanzani sagt. Dieser Professor ist ein wunderlicher Kauz. Ein kleiner, rundlicher Mann, das Gesicht mit starken Backenknochen, feiner Nase, aufgeworfenen Lippen, kleinen stechenden Augen. Doch besser als in jeder Beschreibung siehst Du ihn, wenn Du den Cagliostro[5], wie er von Chodowiecki[6] in irgendeinem berlinischen Taschenkalender steht, anschauest.

1 *distinguieren*: unterscheiden, bestimmen
2 *logische Collegia*: Vorlesungen über Logik
3 *sichten und sondern*: kritisiert hier die Vorgehensweise, Erkenntnisse durch Anschauung und Zergliederung (verbunden mit der Zerstörung des untersuchten Objektes) zu gewinnen
4 *Spalanzani*: Lazzaro Spallanzani (1729–1799), ital. Biologe, der die Befruchtung von Eiern durch Spermien nachwies und damit seine These stützte, Leben könne nur aus Leben (und nicht etwa aus Unbelebtem) entstehen
5 *Cagliostro*: Guiseppe Balsamo (1743–1795), ital. Abenteurer, der sich selbst Alessandro Graf von Cagliostro nannte. Durch Schwindel erlangte er v.a. in Deutschland, Großbritannien und Frankreich hohes Ansehen in Adelskreisen und kam durch Betrügereien zu großem Reichtum.
6 *Chodowiecki*: Daniel Chodowiecki (1726–1801), dt. Kupferstecher, Zeichner und Maler. Sein Porträt Cagliostros erschien in der Reihe „Modetorheiten“ im „Berliner genealogischen Kalender auf das Jahr 1789“.

Daniel Chodowiecki Guiseppe Balsamo,
genannt Alexander Graf von Cagliostro (Kupferstich, Detail, 1784)

So sieht Spalanzani aus. – Neulich steige ich die Treppe herauf und nehme wahr, dass die sonst einer Glastüre dicht vorgezogene Gardine zur Seite einen kleinen Spalt lässt. Selbst weiß ich nicht, wie ich dazu kam, neugierig durchzublicken. Ein hohes, sehr schlank im reinsten Ebenmaß gewachsenes, herrlich gekleidetes Frauenzimmer saß im Zimmer vor einem kleinen Tisch, auf den sie beide Arme, die Hände zusammengefaltet, gelegt hatte. Sie saß der Türe gegenüber, so, dass ich ihr engelschönes Gesicht ganz erblickte. Sie schien mich nicht zu bemerken und überhaupt hatten ihre Augen etwas Starres, beinahe möcht ich sagen, keine Sehkraft, es war mir so, als schliefe sie mit offnen Augen. Mir wurde ganz unheimlich und deshalb schlich ich leise fort ins Auditorium[1], das daneben gelegen. Nachher erfuhr ich, dass die Gestalt, die ich gesehen, Spalanzanis Tochter Olimpia[2] war, die er sonderbarer- und schlechterweise einsperrt, so, dass durchaus kein Mensch in ihre Nähe kommen darf. – Am Ende hat es eine Bewandtnis mit ihr, sie ist vielleicht blödsinnig oder sonst. – Weshalb schreibe ich Dir aber das alles? Besser und ausführlicher hätte ich Dir das mündlich erzählen können. Wisse nämlich, dass ich über vierzehn Tage[3] bei Euch bin. Ich muss mein süßes, liebes Engelsbild, meine Clara, wiedersehen. Weggehaucht wird dann die Verstimmung sein, die sich (ich muss das gestehen) nach dem fatalen verständigen Briefe meiner bemeistern wollte. Deshalb schreibe ich auch heute nicht an sie.

Tausend Grüße etc. etc. etc.

Seltsamer und wunderlicher kann nichts erfunden werden, als dasjenige ist, was sich mit meinem armen Freunde, dem jungen Studenten Nathanael, zugetragen, und was ich dir, günstiger Leser!, zu erzählen unternommen. Hast du, Geneigtester!, wohl jemals etwas erlebt, das deine Brust, Sinn und Gedanken ganz und gar erfüllte, alles andere daraus verdrängend? Es gärte und kochte in dir, zur siedenden Glut entzündet sprang das Blut durch die Adern und färbte höher deine Wangen. Dein Blick war so seltsam, als wolle er Gestalten, keinem andern Auge sichtbar, im leeren Raum erfassen und die Rede zerfloss in dunkle Seufzer. Da frugen dich die Freunde: „Wie ist Ihnen, Verehrter? – Was haben Sie, Teurer?" Und nun wolltest du das innere Gebilde mit allen glühenden Farben und Schatten und Lichtern aussprechen und mühtest dich ab, Worte zu finden, um nur anzufangen. Aber es war dir, als müsstest du nun gleich im ersten Wort alles Wunderbare, Herrliche, Entsetzliche, Lustige, Grauenhafte, das sich zugetragen, recht zusammengreifen, sodass es, wie ein elektrischer Schlag, alle treffe. Doch jedes Wort, alles was Rede vermag, schien dir farblos und frostig und tot. Du suchst und suchst und stotterst und stammelst und die nüchternen Fragen der Freunde schlagen, wie eisige Windeshauche, hinein in deine innere Glut, bis sie verlöschen will. Hattest du aber, wie ein kecker Maler, erst mit einigen verwegenen Strichen den Umriss deines innern Bildes hingeworfen, so trugst du mit leichter Mühe immer glühender und glühender die Farben auf und das lebendige Gewühl mannigfacher Gestalten riss die Freunde fort und sie sahen, wie du, sich selbst mitten im Bilde, das aus deinem Gemüt hervorgegangen! – Mich hat, wie ich es dir, geneigter Leser!, gestehen muss, eigentlich niemand nach der Geschichte des jungen Nathanael gefragt; du weißt ja aber wohl, dass ich zu dem wunderlichen Geschlechte der Autoren gehöre, denen, tragen sie etwas so in sich, wie ich es vorhin beschrieben, so zumute wird, als frage jeder, der in ihre Nähe kommt und nebenher

1 *Auditorium*: Hörsaal

2 *Olimpia*: ital. Form von Olympia. Mädchen vom Berg Olymp, dem Sitz der Götter in Nordgriechenland. Allgemein auch in der Bedeutung „die Himmlische".

3 *über vierzehn Tage*: in vierzehn Tagen

auch wohl noch die ganze Welt: „Was ist es denn? Erzählen Sie, Liebster!“ – So trieb es mich denn gar gewaltig, von Nathanaels verhängnisvollem Leben zu dir zu sprechen. Das Wunderbare, Seltsame davon erfüllte meine ganze Seele, aber eben deshalb und weil ich dich, o mein Leser!, gleich geneigt machen musste, Wunderliches zu ertragen, welches nichts Geringes ist, quälte ich mich ab, Nathanaels Geschichte, bedeutend – originell, ergreifend anzufangen: „Es war einmal“ – der schönste Anfang jeder Erzählung, zu nüchtern! – „In der kleinen Provinzialstadt S. lebte“ – etwas besser, wenigstens ausholend zum Klimax[1]. – Oder gleich medias in res[2]: ‚Scher er sich zum Teufel‘, rief, Wut und Entsetzen im wilden Blick, der Student Nathanael, als der Wetterglashändler Giuseppe Coppola“ – Das hatte ich in der Tat schon aufgeschrieben, als ich in dem wilden Blick des Studenten Nathanael etwas Possierliches zu verspüren glaubte; die Geschichte ist aber gar nicht spaßhaft. Mir kam keine Rede in den Sinn, die nur im Mindesten etwas von dem Farbenglanz des innern Bildes abzuspiegeln schien. Ich beschloss, gar nicht anzufangen. Nimm, geneigter Leser!, die drei Briefe, welche Freund Lothar mir gütigst mitteilte, für den Umriss des Gebildes, in das ich nun erzählend immer mehr und mehr Farbe hineinzutragen mich bemühen werde. Vielleicht gelingt es mir, manche Gestalt, wie ein guter Porträtmaler, so aufzufassen, dass du es ähnlich findest, ohne das Original zu kennen, ja dass es dir ist, als hättest du die Person recht oft schon mit leibhaftigen Augen gesehen. Vielleicht wirst du, o mein Leser!, dann glauben, dass nichts wunderlicher und toller sei als das wirkliche Leben und dass dieses der Dichter doch nur, wie in eines matt geschliffnen Spiegels dunklem Widerschein, auffassen könne.

Damit klarer werde, was gleich anfangs zu wissen nötig, ist jenen Briefen noch hinzuzufügen, dass bald darauf, als Nathanaels Vater gestorben, Clara und Lothar, Kinder eines weitläuftigen Verwandten, der ebenfalls gestorben und sie verwaist nachgelassen, von Nathanaels Mutter ins Haus genommen wurden. Clara und Nathanael fassten eine heftige Zuneigung zueinander, wogegen kein Mensch auf Erden etwas einzuwenden hatte; sie waren daher Verlobte, als Nathanael den Ort verließ, um seine Studien in G. fortzusetzen. Da ist er nun in seinem letzten Brief und hört Kollegia bei dem berühmten Professor Physices[3], Spalanzani.

Nun könnte ich getrost in der Erzählung fortfahren; aber in dem Augenblick steht Claras Bild so lebendig mir vor Augen, dass ich nicht wegschauen kann, so wie es immer geschah, wenn sie mich hold lächelnd anblickte. – Für schön konnte Clara keinesweges gelten; das meinten alle, die sich von Amts wegen auf Schönheit verstehen. Doch lobten die Architekten die reinen Verhältnisse ihres Wuchses, die Maler fanden Nacken, Schultern und Brust beinahe zu keusch[4] geformt, verliebten sich dagegen sämtlich in das wunderbare Magdalenenhaar und faselten überhaupt viel

1 *Klimax*: Steigerung, Höhepunkt
2 *medias in res* (lat.): mitten in die Sache. Horaz empfiehlt dem guten Dichter, eine Geschichte so zu beginnen.
3 *Professor Physices*: Professor der Naturkunde
4 *keusch*: sittlich, unsinnlich

von battonischem[1] Kolorit[2]. Einer von ihnen, ein wirklicher Fantast, verglich aber höchst seltsamerweise Claras Augen mit einem See von Ruisdael[3], in dem sich des wolkenlosen Himmels reines Azur, Wald- und Blumenflur, der reichen Landschaft ganzes buntes, heitres Leben spiegelt. Dichter und Meister gingen aber weiter und sprachen: „Was See – was Spiegel! – Können wir denn das Mädchen anschauen, ohne dass uns aus ihrem Blick wunderbare himmlische Gesänge und Klänge entgegenstrahlen, die in unser Innerstes dringen, dass da alles wach und rege wird? Singen wir selbst dann nichts wahrhaft Gescheutes[4], so ist überhaupt nicht viel an uns, und das lesen wir denn auch deutlich in dem um Claras Lippen schwebenden feinen Lächeln, wenn wir uns unterfangen, ihr etwas vorzuquinkelieren[5], das so tun will, als sei es Gesang, unerachtet nur einzelne Töne verworren durcheinanderspringen." Es war dem so. Clara hatte die lebenskräftige Fantasie des heitern, unbefangenen, kindischen Kindes, ein tiefes, weiblich zartes Gemüt, einen gar hellen, scharfsichtenden Verstand. Die Nebler und Schwebler[6] hatten bei ihr böses Spiel; denn ohne zu viel zu reden, was überhaupt in Claras schweigsamer Natur nicht lag, sagte ihnen der helle Blick und jenes feine ironische Lächeln: Liebe Freunde!, wie möget ihr mir denn zumuten, dass ich eure verfließende Schattengebilde für wahre Gestalten ansehen soll, mit Leben und Regung? – Clara wurde deshalb von vielen kalt, gefühllos, prosaisch[7] gescholten; aber andere, die das Leben in klarer Tiefe aufgefasst, liebten ungemein das gemütvolle, verständige, kindliche Mädchen, doch keiner so sehr als Nathanael, der sich in Wissenschaft und Kunst kräftig und heiter bewegte. Clara hing an dem Geliebten mit ganzer Seele; die ersten Wolkenschatten zogen durch ihr Leben, als er sich von ihr trennte. Mit welchem Entzücken flog sie in seine Arme, als er nun, wie er im letzten Briefe an Lothar es verheißen, wirklich in seiner Vaterstadt ins Zimmer der Mutter eintrat. Es geschah so, wie Nathanael geglaubt; denn in dem Augenblick, als er Clara wiedersah, dachte er weder an den Advokaten Coppelius noch an Claras verständigen Brief, jede Verstimmung war verschwunden.

Recht hatte aber Nathanael doch, als er seinem Freunde Lothar schrieb, dass des widerwärtigen Wetterglashändlers Coppola Gestalt recht feindlich in sein Leben getreten sei. Alle fühlten das, da Nathanael gleich in den ersten Tagen in seinem ganzen Wesen durchaus verändert sich zeigte. Er versank in düstre Träumereien und trieb es bald so seltsam, wie man es niemals von ihm gewohnt gewesen. Alles, das ganze Leben war ihm Traum und Ahnung geworden; immer sprach er davon, wie jeder Mensch, sich frei wähnend, nur dunklen Mächten zum grausamen Spiel diene,

1 *battonischem*: Pompeo Girolamo Batoni (1708–1787), ital. Maler, dessen (1945 verbranntes) Gemälde *Die büßende Magdalena* von Hoffmann in der Dresdner Galerie bewundert wurde
2 *Kolorit*: Farbgebung
3 *Ruisdael*: Jacob van Ruisdael (1628 oder 1629–1682), niederl. Landschaftsmaler
4 *Gescheutes*: Gescheites
5 *vorzuquinkelieren*: trillern, zwitschern wie junge Vögel
6 *Nebler und Schwebler*: unbestimmte Fantasten, die dem Scheine nachstreben
7 *prosaisch*: geistlos, trocken; im Gegensatz zu „poetisch": dichterisch

vergeblich lehne man sich dagegen auf, demütig müsse man sich dem fügen, was das Schicksal verhängt habe. Er ging so weit, zu behaupten, dass es töricht sei, wenn man glaube, in Kunst und Wissenschaft nach selbsttätiger Willkür[1] zu schaffen; denn die Begeisterung, in der man nur zu schaffen fähig sei, komme nicht aus dem eignen Innern, sondern sei das Einwirken irgendeines außer uns selbst liegenden höheren Prinzips.

Der verständigen Clara war diese mystische Schwärmerei[2] im höchsten Grade zuwider, doch schien es vergebens, sich auf Widerlegung einzulassen. Nur dann, wenn Nathanael bewies, dass Coppelius das böse Prinzip sei, was ihn in dem Augenblick erfasst habe, als er hinter dem Vorhange lauschte, und dass dieser widerwärtige *Dämon* auf entsetzliche Weise ihr Liebesglück stören werde, da wurde Clara sehr ernst und sprach: „Ja Nathanael! Du hast recht, Coppelius ist ein böses, feindliches Prinzip, er kann Entsetzliches wirken, wie eine teuflische Macht, die sichtbarlich in das Leben trat, aber nur dann, wenn du ihn nicht aus Sinn und Gedanken verbannst. Solange du an ihn glaubst, *ist* er auch und wirkt, nur dein Glaube ist seine Macht." – Nathanael, ganz erzürnt, dass Clara die Existenz des *Dämons* nur in seinem eignen Innern statuiere[3], wollte dann hervorrücken mit der ganzen mystischen Lehre von Teufeln und grausen Mächten, Clara brach aber verdrüsslich ab, indem sie irgendetwas Gleichgültiges dazwischenschob, zu Nathanaels nicht geringem Ärger. *Der* dachte, kalten unempfänglichen Gemütern verschließen sich solche tiefe Geheimnisse, ohne sich deutlich bewusst zu sein, dass er Clara eben zu solchen untergeordneten Naturen zähle, weshalb er nicht abließ mit Versuchen, sie in jene Geheimnisse einzuweihen. Am frühen Morgen, wenn Clara das Frühstück bereiten half, stand er bei ihr und las ihr aus allerlei mystischen Büchern vor, dass Clara bat: „Aber lieber Nathanael, wenn ich *dich* nun das böse Prinzip schelten wollte, das feindlich auf meinen Kaffee wirkt? – Denn, wenn ich, wie du es willst, alles stehen und liegen lassen und dir, indem du liesest, in die Augen schauen soll, so läuft mir der Kaffee ins Feuer und ihr bekommt alle kein Frühstück!" – Nathanael klappte das Buch heftig zu und rannte voll Unmut fort in sein Zimmer. Sonst hatte er eine besondere Stärke in anmutigen, lebendigen Erzählungen, die er aufschrieb, und die Clara mit dem innigsten Vergnügen anhörte, jetzt waren seine Dichtungen düster, unverständlich, gestaltlos, sodass, wenn Clara schonend es auch nicht sagte, er doch wohl fühlte, wie wenig sie davon angesprochen wurde. Nichts war für Clara tötender als das Langweilige; in Blick und Rede sprach sich dann ihre nicht zu besiegende geistige Schläfrigkeit aus. Nathanaels Dichtungen waren in der Tat sehr langweilig. Sein Verdruss über Claras kaltes, prosaisches Gemüt stieg höher, Clara konnte ihren Unmut über Nathanaels dunkle, düstere, langweilige Mystik nicht überwinden, und so entfernten beide im Innern sich immer mehr voneinander, ohne es selbst zu bemerken. Die

1 *nach selbsttätiger Willkür*: nach eigenem Entschluss, in freier Wahl

2 *mystische Schwärmerei*: dunkle, geheimnisvolle Unvernunft; eine nach Grundsätzen unternommene Überschreitung der Grenzen der menschlichen Vernunft

3 *statuiere*: stelle fest

Gestalt des hässlichen Coppelius war, wie Nathanael selbst es sich gestehen musste, in seiner Fantasie erbleicht und es kostete ihm oft Mühe, ihn in seinen Dichtungen, wo er als grauser Schicksalspopanz auftrat, recht lebendig zu kolorieren[1]. Es kam ihm endlich ein, jene düstre Ahnung, dass Coppelius sein Liebesglück stören werde, zum Gegenstande eines Gedichts zu machen. Er stellte sich und Clara dar, in treuer Liebe verbunden, aber dann und wann war es, als griffe eine schwarze Faust in ihr Leben und risse irgendeine Freude heraus, die ihnen aufgegangen. Endlich, als sie schon am Traualtar stehen, erscheint der entsetzliche Coppelius und berührt Claras holde Augen; die springen in Nathanaels Brust wie blutige Funken sengend und brennend, Coppelius fasst ihn und wirft ihn in einen flammenden Feuerkreis[2], der sich dreht mit der Schnelligkeit des Sturmes und ihn sausend und brausend fortreißt. Es ist ein Tosen, als wenn der Orkan grimmig hineinpeitscht in die schäumenden Meereswellen, die sich wie schwarze, weißhauptige Riesen emporbäumen in wütendem Kampfe. Aber durch dies wilde Tosen hört er Claras Stimme: „Kannst du mich denn nicht erschauen? Coppelius hat dich getäuscht, das waren ja nicht meine Augen, die so in deiner Brust brannten, das waren ja glühende Tropfen deines eignen Herzbluts – ich habe ja meine Augen, sieh mich doch nur an!" – Nathanael denkt: Das ist Clara und ich bin ihr Eigen ewiglich. – Da ist es, als fasst der Gedanke gewaltig in den Feuerkreis hinein, dass er stehen bleibt, und im schwarzen Abgrund verrauscht dumpf das Getöse. Nathanael blickt in Claras Augen; aber es ist der Tod, der mit Claras Augen ihn freundlich anschaut.

Während Nathanael dies dichtete, war er sehr ruhig und besonnen, er feilte und besserte an jeder Zeile, und da er sich dem metrischen Zwange[3] unterworfen, ruhte er nicht, bis alles rein und wohlklingend sich fügte. Als er jedoch nun endlich fertig worden und das Gedicht für sich laut las, da fasste ihn Grausen und wildes Entsetzen und er schrie auf. „Wessen grauenvolle Stimme ist das?" – Bald schien ihm jedoch das Ganze wieder nur eine sehr gelungene Dichtung und es war ihm, als müsse Claras kaltes Gemüt dadurch entzündet werden, wiewohl er nicht deutlich dachte, wozu denn Clara entzündet und wozu es denn nun eigentlich führen solle, sie mit den grauenvollen Bildern zu ängstigen, die ein entsetzliches, ihre Liebe zerstörendes Geschick weissagten. Sie, Nathanael und Clara, saßen in der Mutter kleinem Garten, Clara war sehr heiter, weil Nathanael sie seit drei Tagen, in denen er an jener Dichtung schrieb, nicht mit seinen Träumen und Ahnungen geplagt hatte. Auch Nathanael sprach lebhaft und froh von lustigen Dingen wie sonst, so, dass Clara sagte: „Nun erst habe ich dich ganz wieder, siehst du es wohl, wie wir den hässlichen Coppelius vertrieben haben?" Da fiel dem Nathanael erst ein, dass er ja die Dichtung in der Tasche trage, die er habe vorlesen wollen. Er zog auch sogleich die Blätter hervor und fing an zu lesen: Clara, etwas Langweiliges wie gewöhnlich vermutend und sich

1 *kolorieren*: Farbe geben

2 *Feuerkreis*: Bannkreis, durch Einschließen in einen Kreis bekommt man das Eingeschlossene in seine Gewalt.

3 *dem metrischen Zwange*: den Gesetzen des Versbaus

darein ergebend, fing an, ruhig zu stricken. Aber so, wie immer schwärzer und schwärzer das düstre Gewölk aufstieg, ließ sie den Strickstrumpf sinken und blickte starr dem Nathanael ins Auge. *Den* riss seine Dichtung unaufhaltsam fort, hochrot färbte seine Wangen die innere Glut, Tränen quollen ihm aus den Augen. – Endlich hatte er geschlossen, er stöhnte in tiefer Ermattung – er fasste Claras Hand und seufzte wie aufgelöst in trostlosem Jammer: „Ach! – Clara – Clara!" – Clara drückte ihn sanft an ihren Busen und sagte leise, aber sehr langsam und ernst: „Nathanael – mein herzlieber Nathanael! – Wirf das tolle – unsinnige – wahnsinnige Märchen ins Feuer." Da sprang Nathanael entrüstet auf und rief, Clara von sich stoßend: „Du lebloses, verdammtes Automat!" Er rannte fort, bittre Tränen vergoss die tief verletzte Clara: „Ach, er hat mich niemals geliebt, denn er versteht mich nicht", schluchzte sie laut. – Lothar trat in die Laube; Clara musste ihm erzählen, was vorgefallen; er liebte seine Schwester mit ganzer Seele, jedes Wort ihrer Anklage fiel wie ein Funke in sein Inneres, so, dass der Unmut, den er wider den träumerischen Nathanael lange im Herzen getragen, sich entzündete zum wilden Zorn. Er lief zu Nathanael, er warf ihm das unsinnige Betragen gegen die geliebte Schwester in harten Worten vor, die der aufbrausende Nathanael ebenso erwiderte. Ein fantastischer, wahnsinniger Geck[1] wurde mit einem miserablen, gemeinen Alltagsmenschen erwidert. Der Zweikampf war unvermeidlich. Sie beschlossen, sich am folgenden Morgen hinter dem Garten nach dortiger akademischer Sitte mit scharfgeschliffenen Stoßrapieren[2] zu schlagen. Stumm und finster schlichen sie umher, Clara hatte den heftigen Streit gehört und gesehen, dass der Fechtmeister in der Dämmerung die Rapiere brachte. Sie ahnte, was geschehen sollte. Auf dem Kampfplatz angekommen hatten Lothar und Nathanael soeben düster schweigend die Röcke abgeworfen, blutdürstige Kampflust im brennenden Auge wollten sie gegeneinander ausfallen, als Clara durch die Gartentür herbeistürzte. Schluchzend rief sie laut: „Ihr wilden, entsetzlichen Menschen! – Stoßt mich nur gleich nieder, ehe ihr euch anfallt; denn wie soll ich denn länger leben auf der Welt, wenn der Geliebte den Bruder oder wenn der Bruder den Geliebten ermordet hat!" – Lothar ließ die Waffe sinken und sah schweigend zur Erde nieder, aber in Nathanaels Innern ging in herzzerreißender Wehmut alle Liebe wieder auf, wie er sie jemals in der herrlichen Jugendzeit schönsten Tagen für die holde Clara empfunden. Das Mordgewehr[3] entfiel seiner Hand, er stürzte zu Claras Füßen. „Kannst du mir denn jemals verzeihen, du meine einzige, meine herzgeliebte Clara! – Kannst du mir verzeihen, mein herzlieber Bruder Lothar!" – Lothar wurde gerührt von des Freundes tiefem Schmerz; unter tausend Tränen umarmten sich die drei versöhnten Menschen und schwuren, nicht voneinander zu lassen in steter Liebe und Treue.

Dem Nathanael war es zumute, als sei eine schwere Last, die ihn zu Boden gedrückt, von ihm abgewälzt, ja als habe er, Widerstand leistend der finstern Macht,

1 *Geck*: Narr
2 *Stoßrapieren*: Degen, mit denen Duelle unter Studenten ausgefochten wurden
3 *Mordgewehr*: allgemein Mordwaffe

die ihn befangen, sein ganzes Sein, dem Vernichtung drohte, gerettet. Noch drei selige Tage verlebte er bei den Lieben, dann kehrte er zurück nach G., wo er noch ein Jahr zu bleiben, dann aber auf immer nach seiner Vaterstadt zurückzukehren gedachte.

Der Mutter war alles, was sich auf Coppelius bezog, verschwiegen worden; denn man wusste, dass sie nicht ohne Entsetzen an ihn denken konnte, weil sie, wie Nathanael, ihm den Tod ihres Mannes Schuld gab.

Wie erstaunte Nathanael, als er in seine Wohnung wollte und sah, dass das ganze Haus niedergebrannt war, sodass aus dem Schutthaufen nur die nackten Feuermauern hervorragten. Unerachtet das Feuer in dem Laboratorium des Apothekers, der im untern Stocke wohnte, ausgebrochen war, das Haus daher von unten herauf gebrannt hatte, so war es doch den kühnen, rüstigen Freunden gelungen, noch zu rechter Zeit in Nathanaels im obern Stock gelegenes Zimmer zu dringen, und Bücher, Manuskripte, Instrumente zu retten. Alles hatten sie unversehrt in ein anderes Haus getragen und dort ein Zimmer in Beschlag genommen, welches Nathanael nun sogleich bezog. Nicht sonderlich achtete er darauf, dass er dem Professor Spalanzani gegenüber wohnte, und ebenso wenig schien es ihm etwas Besonderes, als er bemerkte, dass er aus seinem Fenster gerade hinein in das Zimmer blickte, wo oft Olimpia einsam saß, so, dass er ihre Figur deutlich erkennen konnte, wiewohl die Züge des Gesichts undeutlich und verworren blieben. Wohl fiel es ihm endlich auf, dass Olimpia oft stundenlang in derselben Stellung, wie er sie einst durch die Glastüre entdeckte, ohne irgendeine Beschäftigung an einem kleinen Tische saß und dass sie offenbar unverwandten Blickes nach ihm herüberschaute; er musste sich auch selbst gestehen, dass er nie einen schöneren Wuchs gesehen; indessen, Clara im Herzen, blieb ihm die steife, starre Olimpia höchst gleichgültig und nur zuweilen sah er flüchtig über sein Compendium[1] herüber nach der schönen Bildsäule, das war alles. – Eben schrieb er an Clara, als es leise an die Türe klopfte; sie öffnete sich auf seinen Zuruf und Coppolas widerwärtiges Gesicht sah hinein. Nathanael fühlte sich im Innersten erbeben; eingedenk dessen, was ihm Spalanzani über den Landsmann Coppola gesagt und was er auch rücksichts[2] des Sandmanns Coppelius der Geliebten so heilig versprochen, schämte er sich aber selbst seiner kindischen Gespensterfurcht, nahm sich mit aller Gewalt zusammen und sprach so sanft und gelassen als möglich: „Ich kaufe kein Wetterglas, mein lieber Freund! Gehen Sie nur!" Da trat aber Coppola vollends in die Stube und sprach mit heiserem Ton, indem sich das weite Maul zum hässlichen Lachen verzog und die kleinen Augen unter den grauen, langen Wimpern stechend hervorfunkelten: „Ei, nix Wetterglas, nix Wetterglas! – Hab auch sköne Oke[3] – sköne Oke!" – Entsetzt rief Nathanael: „Toller Mensch, wie kannst du Augen haben? – Augen – Augen? –" Aber in dem Augenblick hatte Coppola seine Wettergläser bei-

1 *Compendium*: Lehrbuch
2 *rücksichts*: im Hinblick auf
3 *Oke*: occhi (ital.): Augen; occhiali (ital.): Brille

seitegesetzt, griff in die weiten Rocktaschen und holte Lorgnetten[1] und Brillen heraus, die er auf den Tisch legte. – „Nu – Nu – Brill – Brill auf der Nas su setze, das sein meine Oke – sköne Oke!“ – Und damit holte er immer mehr und mehr Brillen heraus, so, dass es auf dem ganzen Tisch seltsam zu flimmern und zu funkeln begann. Tausend Augen blickten und zuckten krampfhaft und starrten auf zum Nathanael; aber er konnte nicht wegschauen von dem Tisch und immer mehr Brillen legte Coppola hin und immer wilder und wilder sprangen flammende Blicke durcheinander und schossen ihre blutrote Strahlen in Nathanaels Brust. Übermannt von tollem Entsetzen schrie er auf. – „Halt ein! Halt ein, fürchterlicher Mensch!“ – Er hatte Coppola, der eben in die Tasche griff, um noch mehr Brillen herauszubringen, unerachtet schon der ganze Tisch überdeckt war, beim Arm festgepackt. Coppola machte sich mit heiserem widrigen Lachen sanft los und mit den Worten: „Ah! – Nix für Sie – aber hier sköne Glas“ – hatte er alle Brillen zusammengerafft, eingesteckt und aus der Seitentasche des Rocks eine Menge großer und kleiner Perspektive[2] hervorgeholt. Sowie die Brillen fort waren, wurde Nathanael ganz ruhig und an Clara denkend sah er wohl ein, dass der entsetzliche Spuk nur aus seinem Innern hervorgegangen, sowie, dass Coppola ein höchst ehrlicher Mechanikus und Optikus, keineswegs aber Coppelii verfluchter Doppeltgänger und Revenant[3] sein könne. Zudem hatten alle Gläser, die Coppola nun auf den Tisch gelegt, gar nichts Besonderes, am wenigsten so etwas Gespenstisches wie die Brillen und, um alles wiedergutzumachen, beschloss Nathanael dem Coppola jetzt wirklich etwas abzukaufen. Er ergriff ein kleines, sehr sauber gearbeitetes Taschenperspektiv und sah, um es zu prüfen, durch das Fenster. Noch im Leben war ihm kein Glas vorgekommen, das die Gegenstände so rein, scharf und deutlich dicht vor die Augen rückte. Unwillkürlich sah er hinein in Spalanzanis Zimmer; Olimpia saß, wie gewöhnlich, vor dem kleinen Tisch, die Arme darauf gelegt, die Hände gefaltet. – Nun erschaute Nathanael erst Olimpias wunderschön geformtes Gesicht. Nur die Augen schienen ihm gar seltsam starr und tot. Doch wie er immer schärfer und schärfer durch das Glas hinschaute, war es, als gingen in Olimpias Augen feuchte Mondesstrahlen auf. Es schien, als wenn nun erst die Sehkraft entzündet würde; immer lebendiger und lebendiger flammten die Blicke. Nathanael lag wie festgezaubert im Fenster, immer fort und fort die himmlischschöne Olimpia betrachtend. Ein Räuspern und Scharren weckte ihn, wie aus tiefem Traum. Coppola stand hinter ihm: „Tre Zechini[4] – drei Dukat“ – Nathanael hatte den Optikus rein vergessen, rasch zahlte er das Verlangte. „Nick so? – Sköne Glas – sköne Glas!“, frug Coppola mit seiner widerwärtigen, heisern Stimme und dem hämischen Lächeln. „Ja ja, ja!“, erwiderte Nathanael verdrießlich. „Adieu, lieber Freund!“ – Coppola verließ nicht ohne viele seltsame Seitenblicke auf Nathanael das Zimmer. Er hörte ihn auf der Treppe laut lachen. „Nun ja“, meinte Nathanael, „er lacht mich aus,

1 *Lorgnetten*: Stielbrillen mit zwei Gläsern ohne Bügel
2 *Perspektive*: kleine Fernrohre
3 *Revenant*: Wiedergänger, Geist
4 *Tre Zechini* (richtig: zecchini; ital.): drei Goldstücke

weil ich ihm das kleine Perspektiv gewiss viel zu teuer bezahlt habe – zu teuer bezahlt!" – Indem er diese Worte leise sprach, war es, als halle ein tiefer Todesseufzer grauenvoll durch das Zimmer, Nathanaels Atem stockte vor innerer Angst. – Er hatte ja aber selbst so aufgeseufzt, das merkte er wohl. „Clara", sprach er zu sich selber, „hat wohl recht, dass sie mich für einen abgeschmackten Geisterseher hält; aber närrisch ist es doch – ach wohl mehr als närrisch, dass mich der dumme Gedanke, ich hätte das Glas dem Coppola zu teuer bezahlt, noch jetzt so sonderbar ängstigt; den Grund davon sehe ich gar nicht ein." – Jetzt setzte er sich hin, um den Brief an Clara zu enden, aber ein Blick durchs Fenster überzeugte ihn, dass Olimpia noch dasäße und im Augenblick, wie von unwiderstehlicher Gewalt getrieben, sprang er auf, ergriff Coppolas Perspektiv und konnte nicht los von Olimpias verführerischem Anblick, bis ihn Freund und Bruder Siegmund abrief ins Kollegium bei dem Professor Spalanzani. Die Gardine vor dem verhängnisvollen Zimmer war dicht zugezogen, er konnte Olimpia ebenso wenig hier als die beiden folgenden Tage hindurch in ihrem Zimmer entdecken, unerachtet er kaum das Fenster verließ und fortwährend durch Coppolas Perspektiv hinüberschaute. Am dritten Tage wurden sogar die Fenster verhängt. Ganz verzweifelt und getrieben von Sehnsucht und glühendem Verlangen lief er hinaus vors Tor. Olimpias Gestalt schwebte vor ihm her in den Lüften und trat aus dem Gebüsch und guckte ihn an mit großen, strahlenden Augen aus dem hellen Bach. Claras Bild war ganz aus seinem Innern gewichen, er dachte nichts als Olimpia und klagte ganz laut und weinerlich: „Ach, du mein hoher, herrlicher Liebesstern, bist du mir denn nur aufgegangen, um gleich wieder zu verschwinden und mich zu lassen in finstrer, hoffnungsloser Nacht?"

Als er zurückkehren wollte in seine Wohnung, wurde er in Spalanzanis Hause ein geräuschvolles Treiben gewahr. Die Türen standen offen, man trug allerlei Geräte hinein, die Fenster des ersten Stocks waren ausgehoben, geschäftige Mägde kehrten und stäubten mit großen Haarbesen hin- und herfahrend, inwendig klopften und hämmerten Tischler und Tapezierer. Nathanael blieb in vollem Erstaunen auf der Straße stehen; da trat Siegmund lachend zu ihm und sprach: „Nun, was sagst du zu unserem alten Spalanzani?" Nathanael versicherte, dass er gar nichts sagen könne, da er durchaus nichts vom Professor wisse, vielmehr mit großer Verwunderung wahrnehme, wie in dem stillen, düstern Hause ein tolles Treiben und Wirtschaften losgegangen; da erfuhr er denn von Siegmund, dass Spalanzani morgen ein großes Fest geben wolle, Konzert und Ball, und dass die halbe Universität eingeladen sei. Allgemein verbreite man, dass Spalanzani seine Tochter Olimpia, die er so lange jedem menschlichen Auge recht ängstlich entzogen, zum ersten Mal erscheinen lassen werde.

Nathanael fand eine Einladungskarte und ging mit hochklopfendem Herzen zur bestimmten Stunde, als schon die Wagen rollten und die Lichter in den geschmückten Sälen schimmerten, zum Professor. Die Gesellschaft war zahlreich und glänzend.

Olimpia erschien sehr reich und geschmackvoll gekleidet. Man musste ihr schön geformtes Gesicht, ihren Wuchs bewundern. Der etwas seltsam eingebogene Rücken, die wespenartige Dünne des Leibes schien von zu starkem Einschnüren[1] bewirkt zu sein. In Schritt und Stellung hatte sie etwas Abgemessenes und Steifes, das manchem unangenehm auffiel; man schrieb es dem Zwange zu, den ihr die Gesellschaft auflegte. Das Konzert begann. Olimpia spielte den Flügel mit großer Fertigkeit und trug ebenso eine Bravour-Arie mit heller, beinahe schneidender Glasglockenstimme vor.

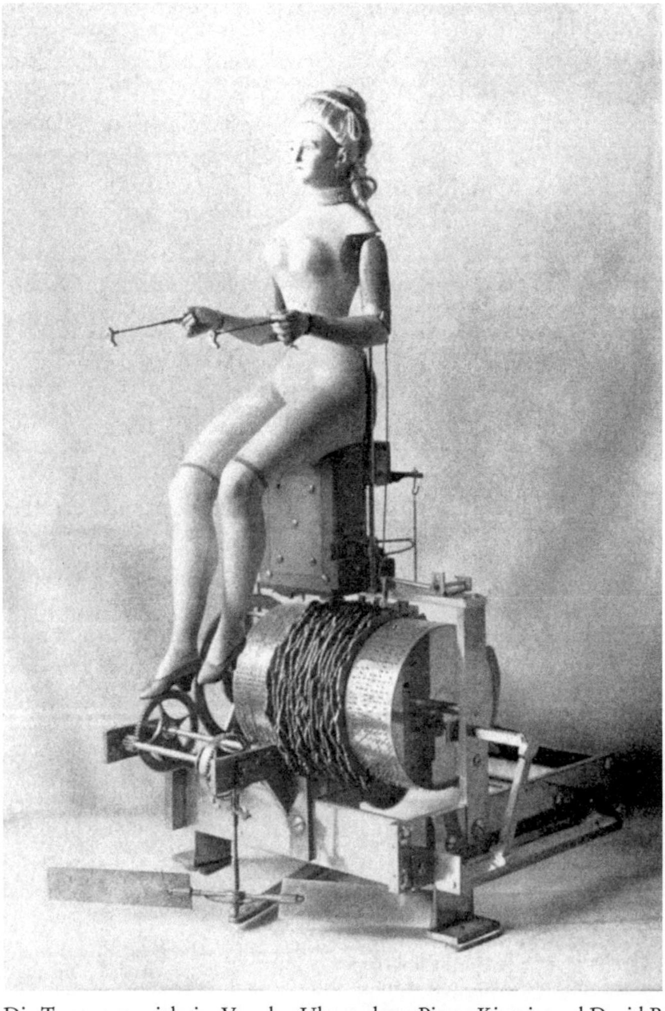

Die Tympanonspielerin. Von den Uhrmachern Pierre Kintzig und David Roentgen erbaut

1 *Einschnüren*: des damals modernen Korsetts, das die Taille betonte, der Trägerin aber auch den Atem und die Bewegungsfreiheit nahm

Nathanael war ganz entzückt; er stand in der hintersten Reihe und konnte im blendenden Kerzenlicht Olimpias Züge nicht ganz erkennen. Ganz unvermerkt nahm er deshalb Coppolas Glas hervor und schaute hin nach der schönen Olimpia. Ach! – Da wurde er gewahr, wie sie voll Sehnsucht nach ihm herübersah, wie jeder Ton erst deutlich aufging in dem Liebesblick, der zündend sein Inneres durchdrang. Die künstlichen Rouladen[1] schienen dem Nathanael das Himmelsjauchzen des in Liebe verklärten Gemüts, und als nun endlich nach der Kadenz[2] der lange Trillo[3] recht schmetternd durch den Saal gellte, konnte er wie von glühenden Armen plötzlich erfasst sich nicht mehr halten, er musste vor Schmerz und Entzücken laut aufschreien: „Olimpia!“ – Alle sahen sich um nach ihm, manche lachten. Der Domorganist schnitt aber noch ein finstreres Gesicht als vorher und sagte bloß: „Nun nun!“ – Das Konzert war zu Ende, der Ball fing an. „Mit ihr zu tanzen! – Mit ihr!“ Das war nun dem Nathanael das Ziel aller Wünsche, alles Strebens; aber wie sich erheben zu dem Mut, sie, die Königin des Festes, aufzufordern? Doch! – Er selbst wusste nicht, wie es geschah, dass er, als schon der Tanz angefangen, dicht neben Olimpia stand, die noch nicht aufgefordert worden, und dass er, kaum vermögend einige Worte zu stammeln, ihre Hand ergriff. Eiskalt war Olimpias Hand, er fühlte sich durchbebt von grausigem Todesfrost, er starrte Olimpia ins Auge, das strahlte ihm voll Liebe und Sehnsucht entgegen, und in dem Augenblick war es auch, als fingen an, in der kalten Hand Pulse zu schlagen und des Lebensblutes Ströme zu glühen. Und auch in Nathanaels Innerm glühte höher auf die Liebeslust, er umschlang die schöne Olimpia und durchflog mit ihr die Reihen. – Er glaubte sonst recht taktmäßig getanzt zu haben, aber an der ganz eignen rhythmischen Festigkeit, womit Olimpia tanzte und die ihn oft ordentlich aus der Haltung brachte, merkte er bald, wie sehr ihm der Takt gemangelt. Er wollte jedoch mit keinem andern Frauenzimmer mehr tanzen und hätte jeden, der sich Olimpia näherte, um sie aufzufordern, nur gleich ermorden mögen. Doch nur zweimal geschah dies, zu seinem Erstaunen blieb darauf Olimpia bei jedem Tanze sitzen und er ermangelte nicht, immer wieder sie aufzuziehen. Hätte Nathanael außer der schönen Olimpia noch etwas andres zu sehen vermocht, so wäre allerlei fataler Zank und Streit unvermeidlich gewesen; denn offenbar ging das halbleise, mühsam unterdrückte Gelächter, was sich in diesem und jenem Winkel unter den jungen Leuten erhob, auf die schöne Olimpia, die sie mit ganz kuriosen[4] Blicken verfolgten, man konnte gar nicht wissen, warum? Durch den Tanz und durch den reichlich genossenen Wein erhitzt, hatte Nathanael alle ihm sonst eigne Scheu abgelegt. Er saß neben Olimpia, ihre Hand in der seinigen und sprach hochentflammt und begeistert von seiner Liebe in Worten, die keiner verstand, weder er noch Olimpia. Doch diese vielleicht; denn sie sah ihm unverrückt ins Auge und seufzte einmal übers andere: „Ach – Ach – Ach!“ – worauf denn Nathanael also sprach: „O du herrliche, himmlische Frau! – Du Strahl aus dem

1 *Rouladen*: perlende Gesangsläufe
2 *Kadenz*: Schlussteil eines Solokonzerts, um die Virtuosität der Solistin zu demonstrieren
3 *Trillo*: musikalische Verzierung, Triller
4 *kuriosen*: hier: neugierigen

verheißenen Jenseits der Liebe – du tiefes Gemüt, in dem sich mein ganzes Sein spiegelt", und noch mehr dergleichen, aber Olimpia seufzte bloß immer wieder: „Ach, Ach!" – Der Professor Spalanzani ging einige Mal bei den Glücklichen vorüber und lächelte sie ganz seltsam zufrieden an. Dem Nathanael schien es, unerachtet er sich in einer ganz andern Welt befand, mit einem Mal, als würd es hienieden beim Professor Spalanzani merklich finster; er schaute um sich und wurde zu seinem nicht geringen Schreck gewahr, dass eben die zwei letzten Lichter in dem leeren Saal herniederbrennen und ausgehen wollten. Längst hatten Musik und Tanz aufgehört. „Trennung, Trennung", schrie er ganz wild und verzweifelt, er küsste Olimpias Hand, er neigte sich zu ihrem Munde, eiskalte Lippen begegneten seinen glühenden! – So wie, als er Olimpias kalte Hand berührte, fühlte er sich von innerem Grausen erfasst, die Legende von der toten Braut[1] ging ihm plötzlich durch den Sinn; aber fest hatte ihn Olimpia an sich gedrückt und in dem Kuss schienen die Lippen zum Leben zu erwarmen. – Der Professor Spalanzani schritt langsam durch den leeren Saal, seine Schritte klangen hohl wider und seine Figur, von flackernden Schlagschatten[2] umspielt, hatte ein grauliches, gespenstisches Ansehen. „Liebst du mich – liebst du mich Olimpia? – Nur dies Wort! – Liebst du mich?" So flüsterte Nathanael, aber Olimpia seufzte, indem sie aufstand, nur: „Ach – Ach!" – „Ja du mein holder, herrlicher Liebesstern", sprach Nathanael, „bist mir aufgegangen und wirst leuchten, wirst verklären mein Inneres immerdar!" – „Ach, ach!", replizierte Olimpia fortschreitend. Nathanael folgte ihr, sie standen vor dem Professor. „Sie haben sich außerordentlich lebhaft mit meiner Tochter unterhalten", sprach dieser lächelnd: „Nun, nun, lieber Herr Nathanael, finden Sie Geschmack daran, mit dem blöden[3] Mädchen zu konversieren[4], so sollen mir Ihre Besuche willkommen sein." – Einen ganzen, hellen, strahlenden Himmel in der Brust schied Nathanael von dannen. Spalanzanis Fest war der Gegenstand des Gesprächs in den folgenden Tagen. Unerachtet der Professor alles getan hatte, recht splendid[5] zu erscheinen, so wussten doch die lustigen Köpfe von allerlei Unschicklichem und Sonderbarem zu erzählen, das sich begeben, und vorzüglich fiel man über die todstarre, stumme Olimpia her, der man, ihres schönen Äußern unerachtet, totalen Stumpfsinn andichten und darin die Ursache finden wollte, warum Spalanzani sie so lange verborgen gehalten. Nathanael vernahm das nicht ohne innern Grimm, indessen schwieg er; denn, dachte er, würde es wohl verlohnen[6], diesen Burschen zu beweisen, dass eben ihr eigner Stumpfsinn es ist, der sie Olimpias tiefes, herrliches Gemüt zu erkennen hindert? „Tu mir den Gefallen, Bruder", sprach eines Tages Siegmund, „tu mir den Gefallen und sage, wie es dir gescheuten Kerl möglich war, dich in

1 *Legende [...] Braut*: Anspielung auf Goethes Ballade *Die Braut von Korinth* (1798), in der es heißt: „Aber, ach! berührst du meine Glieder,/Fühlst du schaudernd, was ich dir verhehlt./Wie der Schnee so weiß,/Aber kalt wie Eis/Ist das Liebchen, das du dir erwählt."
2 *Schlagschatten*: harte, dunkle Schatten mit scharfen Konturen
3 *blöden*: hier: scheuen, unerfahrenen
4 *zu konversieren*: zu plaudern, sich zu unterhalten
5 *splendid*: freigebig
6 *verlohnen*: der Mühe wert sein

das Wachsgesicht, in die Holzpuppe da drüben zu vergaffen?“ Nathanael wollte zornig auffahren, doch schnell besann er sich und erwiderte: „Sage *du* mir, Siegmund, wie deinem, sonst alles Schöne klar auffassenden Blick, deinem regen Sinn, Olimpias himmlischer Liebreiz entgehen konnte? Doch eben deshalb habe ich, Dank sei es dem Geschick, dich nicht zum Nebenbuhler; denn sonst müsste einer von uns blutend fallen.“ Siegmund merkte wohl, wie es mit dem Freunde stand, lenkte geschickt ein und fügte, nachdem er geäußert, dass in der Liebe niemals über den Gegenstand zu richten sei, hinzu: „Wunderlich ist es doch, dass viele von uns über Olimpia ziemlich gleich urteilen. Sie ist uns – nimm es nicht übel, Bruder! – auf seltsame Weise starr und seelenlos erschienen. Ihr Wuchs ist regelmäßig, so wie ihr Gesicht, das ist wahr! – Sie könnte für schön gelten, wenn ihr Blick nicht so ganz ohne Lebensstrahl, ich möchte sagen, ohne Sehkraft wäre. Ihr Schritt ist sonderbar abgemessen, jede Bewegung scheint durch den Gang eines aufgezogenen Räderwerks bedingt. Ihr Spiel, ihr Singen hat den unangenehm richtigen, geistlosen Takt der singenden Maschine und ebenso ist ihr Tanz. Uns ist diese Olimpia ganz unheimlich geworden, wir mochten nichts mit ihr zu schaffen haben, es war uns, als tue sie nur so wie ein lebendiges Wesen, und doch habe es mit ihr eine eigne Bewandtnis.“ – Nathanael gab sich dem bittern Gefühl, das ihn bei diesen Worten Siegmunds ergreifen wollte, durchaus nicht hin, er wurde Herr seines Unmuts und sagte bloß sehr ernst: „Wohl mag euch, ihr kalten, prosaischen Menschen, Olimpia unheimlich sein. Nur dem poetischen Gemüt entfaltet sich das gleich organisierte! – Nur *mir* ging ihr Liebesblick auf und durchstrahlte Sinn und Gedanken, nur in Olimpias Liebe finde ich mein Selbst wieder. Euch mag es nicht recht sein, dass sie nicht in platter Konversation faselt wie die andern flachen Gemüter. Sie spricht wenig Worte, das ist wahr; aber diese wenigen Worte erscheinen als echte Hieroglyphe[1] der innern Welt voll Liebe und hoher Erkenntnis des geistigen Lebens in der Anschauung des ewigen Jenseits. Doch für alles das habt ihr keinen Sinn und alles sind verlorne Worte.“ – „Behüte dich Gott, Herr Bruder“, sagte Siegmund sehr sanft, beinahe wehmütig, „aber mir scheint es, du seist auf bösem Wege. Auf mich kannst du rechnen, wenn alles – Nein, ich mag nichts weiter sagen! –“ Dem Nathanael war es plötzlich, als meine der kalte, prosaische Siegmund es sehr treu mit ihm, er schüttelte daher die ihm dargebotene Hand recht herzlich.

Nathanael hatte rein vergessen, dass es eine Clara in der Welt gebe, die er sonst geliebt; – die Mutter – Lothar – alle waren aus seinem Gedächtnis entschwunden, er lebte nur für Olimpia, bei der er täglich stundenlang saß und von seiner Liebe, von zum Leben erglühter Sympathie, von psychischer Wahlverwandtschaft[2] fantasierte, welches alles Olimpia mit großer Andacht anhörte. Aus dem tiefsten Grunde des

1 *Hieroglyphe*: im Allgemeinen Zeichen einer Bilderschrift, hier als Kernbegriff der romantischen Dichtung Zauberzeichen, die dem Eingeweihten viel deutlicher als Sprache tiefste Geheimnisse auszudrücken vermögen

2 *Wahlverwandtschaft*: Begriff aus der Chemie, beschreibt das Verhalten chemischer Stoffe, die bei Gelegenheit eine bestehende Verbindung aufgeben und eine neue eingehen, die energetisch günstiger und stabiler ist. Der Begriff wird auch auf Menschen übertragen, die sich wesensgleich fühlen (z. B. in Goethes Roman *Die Wahlverwandtschaften* von 1809).

Schreibpults holte Nathanael alles hervor, was er jemals geschrieben. Gedichte, Fantasien, Visionen, Romane, Erzählungen, das wurde täglich vermehrt mit allerlei ins Blaue fliegenden Sonetten, Stanzen, Canzonen[1], und das alles las er der Olimpia stundenlang hintereinander vor, ohne zu ermüden. Aber auch noch nie hatte er eine solche herrliche Zuhörerin gehabt. Sie stickte und strickte nicht, sie sah nicht durchs Fenster, sie fütterte keinen Vogel, sie spielte mit keinem Schoßhündchen, mit keiner Lieblingskatze, sie drehte keine Papierschnitzchen oder sonst etwas in der Hand, sie durfte kein Gähnen durch einen leisen erzwungenen Husten bezwingen – kurz! – stundenlang sah sie mit starrem Blick unverwandt dem Geliebten ins Auge, ohne sich zu rücken und zu bewegen und immer glühender, immer lebendiger wurde dieser Blick. Nur wenn Nathanael endlich aufstand und ihr die Hand, auch wohl den Mund küsste, sagte sie: „Ach, Ach!" – dann aber: „Gute Nacht, mein Lieber!" – „O du herrliches, du tiefes Gemüt", rief Nathanael auf seiner Stube, „nur von dir, von dir allein werd ich ganz verstanden." Er erbebte vor innerm Entzücken, wenn er bedachte, welch wunderbarer Zusammenklang sich in seinem und Olimpias Gemüt täglich mehr offenbare; denn es schien ihm, als habe Olimpia über seine Werke, über seine Dichtergabe überhaupt recht tief aus seinem Innern gesprochen, ja als habe die Stimme aus seinem Innern selbst herausgetönt. Das musste denn wohl auch sein; denn mehr Worte als vorhin erwähnt sprach Olimpia niemals. Erinnerte sich aber auch Nathanael in hellen, nüchternen Augenblicken, z. B. morgens gleich nach dem Erwachen, wirklich an Olimpias gänzliche Passivität und Wortkargheit, so sprach er doch: „Was sind Worte – Worte! – Der Blick ihres himmlischen Auges sagt mehr als jede Sprache hienieden. Vermag denn überhaupt ein Kind des Himmels sich einzuschichten in den engen Kreis, den ein klägliches, irdisches Bedürfnis gezogen?" – Professor Spalanzani schien hocherfreut über das Verhältnis seiner Tochter mit Nathanael; er gab diesem allerlei unzweideutige Zeichen seines Wohlwollens, und als es Nathanael endlich wagte, von ferne auf eine Verbindung mit Olimpia anzuspielen, lächelte dieser mit dem ganzen Gesicht und meinte: er werde seiner Tochter völlig freie Wahl lassen. – Ermutigt durch diese Worte, brennendes Verlangen im Herzen, beschloss Nathanael, gleich am folgenden Tage Olimpia anzusehen, dass sie das unumwunden in deutlichen Worten ausspreche, was längst ihr holder Liebesblick ihm gesagt, dass sie sein Eigen immerdar sein wolle. Er suchte nach dem Ringe, den ihm beim Abschiede die Mutter geschenkt, um ihn Olimpia als Symbol seiner Hingebung, seines mit ihr aufkeimenden, blühenden Lebens darzureichen. Claras, Lothars Briefe fielen ihm dabei in die Hände; gleichgültig warf er sie beiseite, fand den Ring, steckte ihn ein und rannte herüber zu Olimpia. Schon auf der Treppe, auf dem Flur, vernahm er ein wunderliches Getöse; es schien aus Spalanzanis Studierzimmer herauszuschallen. – Ein Stampfen – ein Klirren – ein Stoßen – Schlagen gegen die Tür, dazwischen Flüche und Verwünschungen. Lass los – lass los – Infamer – Verruchter! – Darum Leib und Leben daran gesetzt? – Ha ha ha ha! – So haben wir nicht gewettet – ich, ich hab die Augen gemacht – ich das Räderwerk – dummer Teufel mit deinem Räderwerk – verfluchter Hund von einfälti-

1 *Sonetten, Stanzen, Canzonen*: verschiedene Gedicht- bzw. Liedformen

gem Uhrmacher – fort mit dir – Satan – halt – Peipendreher[1] – teuflische Bestie! – Halt – fort – lass los! – Es waren Spalanzanis und des grässlichen Coppelius Stimmen, die so durcheinanderschwirrten und -tobten. Hinein stürzte Nathanael von namenloser Angst ergriffen. Der Professor hatte eine weibliche Figur bei den Schultern gepackt, der Italiener Coppola bei den Füßen, die zerrten und zogen sie hin und her, streitend in voller Wut um den Besitz. Voll tiefen Entsetzens prallte Nathanael zurück, als er die Figur für Olimpia erkannte; aufflammend in wildem Zorn wollte er den Wütenden die Geliebte entreißen, aber in dem Augenblick wand Coppola sich mit Riesenkraft drehend die Figur dem Professor aus den Händen und versetzte ihm mit der Figur selbst einen fürchterlichen Schlag, dass er rücklings über den Tisch, auf dem Phiolen, Retorten[2], Flaschen, gläserne Zylinder standen, taumelte und hinstürzte; alles Gerät klirrte in tausend Scherben zusammen. Nun warf Coppola die Figur über die Schulter und rannte mit fürchterlich gellendem Gelächter rasch fort die Treppe herab, sodass die hässlich herunterhängenden Füße der Figur auf den Stufen hölzern klapperten und dröhnten. – Erstarrt stand Nathanael – nur zu deutlich hatte er gesehen, Olimpias toderbleichtes Wachsgesicht hatte keine Augen, statt ihrer schwarze Höhlen; sie war eine leblose Puppe. Spalanzani wälzte sich auf der Erde, Glasscherben hatten ihm Kopf, Brust und Arm zerschnitten, wie aus Springquellen strömte das Blut empor. Aber er raffte seine Kräfte zusammen. – „Ihm nach – ihm nach, was zauderst du? – Coppelius – Coppelius, mein bestes Automat hat er mir geraubt – Zwanzig Jahre daran gearbeitet – Leib und Leben daran gesetzt – das Räderwerk – Sprache – Gang – mein – die Augen – die Augen dir gestohlen. – Verdammter – Verfluchter – ihm nach – hol mir Olimpia – da hast du die Augen! –“ Nun sah Nathanael, wie ein Paar blutige Augen auf dem Boden liegend ihn anstarrten, die ergriff Spalanzani mit der unverletzten Hand und warf sie nach ihm, dass sie seine Brust trafen. – Da packte ihn der Wahnsinn mit glühenden Krallen und fuhr in sein Inneres hinein, Sinn und Gedanken zerreißend. „Hui – hui – hui! – *Feuerkreis – Feuerkreis!* Dreh dich *Feuerkreis* – lustig – lustig! – Holzpüppchen, hui schön Holzpüppchen, dreh dich –“ damit warf er sich auf den Professor und drückte ihm die Kehle zu. Er hätte ihn erwürgt, aber das Getöse hatte viele Menschen herbeigelockt, die drangen ein, rissen den wütenden Nathanael auf und retteten so den Professor, der gleich verbunden wurde. Siegmund, so stark er war, vermochte nicht, den Rasenden zu bändigen; der schrie mit fürchterlicher Stimme immerfort: „Holzpüppchen, dreh dich“ und schlug um sich mit geballten Fäusten. Endlich gelang es der vereinten Kraft mehrerer, ihn zu überwältigen, indem sie ihn zu Boden warfen und banden. Seine Worte gingen unter in entsetzlichem tierischen Gebrüll. So in grässlicher Raserei tobend wurde er nach dem Tollhause[3] gebracht.

1 *Peipendreher*: Gaukler, Spitzbube; möglicherweise aber auch ein Druckfehler. Im Manuskript Hoffmanns steht „Puppendreher“.

2 *Phiolen, Retorten*: Glasbehälter, die in der Chemie benutzt werden

3 *Tollhause*: Irrenhaus. Erscheinungen des Wahnsinns wurden aus der Perspektive der Vernunft betrachtet, der Wahnsinn aus der Gesellschaft ausgegliedert. Die „Irren“ wurden aber nicht bloß weggesperrt, denn man fasste Wahnsinn bereits als behandelbare Krankheit auf.

Ehe ich, günstiger Leser!, dir zu erzählen fortfahre, was sich weiter mit dem unglücklichen Nathanael zugetragen, kann ich dir, solltest du einigen Anteil an dem geschickten Mechanikus und Automat-Fabrikanten Spalanzani nehmen, versichern, dass er von seinen Wunden völlig geheilt wurde. Er musste indes die Universität verlassen, weil Nathanaels Geschichte Aufsehen erregt hatte und es allgemein für gänzlich unerlaubten Betrug gehalten wurde, vernünftigen Teezirkeln (Olimpia hatte sie mit Glück besucht) statt der lebendigen Person eine Holzpuppe einzuschwärzen[1]. Juristen nannten es sogar einen feinen und umso härter zu bestrafenden Betrug, als er gegen das Publikum gerichtet und so schlau angelegt worden, dass kein Mensch (ganz kluge Studenten ausgenommen) es gemerkt habe, unerachtet jetzt alle weise tun und sich auf allerlei Tatsachen berufen wollten, die ihnen verdächtig vorgekommen. Diese Letzteren brachten aber eigentlich nichts Gescheutes zutage. Denn konnte z.B. wohl irgendjemandem verdächtig vorgekommen sein, dass nach der Aussage eines eleganten Teeisten[2] Olimpia gegen alle Sitte öfter genieset als gegähnt hatte? Ersteres, meinte der Elegant[3], sei das Selbstaufziehen des verborgenen Triebwerks gewesen, merklich habe es dabei geknarrt usw. Der Professor der Poesie und Beredsamkeit nahm eine Prise, klappte die Dose zu, räusperte sich und sprach feierlich: „Hochzuverehrende Herren und Damen! Merken Sie denn nicht, wo der Hase im Pfeffer liegt? Das Ganze ist eine Allegorie[4] – eine fortgeführte Metapher[5]! – Sie verstehen mich! – Sapienti sat![6]" Aber viele hochzuverehrende Herren beruhigten sich nicht dabei; die Geschichte mit dem Automat hatte tief in ihrer Seele Wurzel gefasst und es schlich sich in der Tat abscheuliches Misstrauen gegen menschliche Figuren ein. Um nun ganz überzeugt zu werden, dass man keine Holzpuppe liebe, wurde von mehrern Liebhabern verlangt, dass die Geliebte etwas taktlos singe und tanze, dass sie beim Vorlesen sticke, stricke, mit dem Möpschen spiele usw., vor allen Dingen aber, dass sie nicht bloß höre, sondern auch manchmal in der Art spreche, dass dies Sprechen wirklich ein Denken und Empfinden voraussetze. Das Liebesbündnis vieler wurde fester und dabei anmutiger, andere dagegen gingen leise auseinander. „Man kann wahrhaftig nicht dafür stehen", sagte dieser und jener. In den Tees wurde unglaublich gegähnt und niemals genieset, um jedem Verdacht zu begegnen. – Spalanzani musste, wie gesagt, fort, um der Kriminaluntersuchung wegen [des] der menschlichen Gesellschaft betrüglicherweise eingeschobenen Automats zu entgehen. Coppola war auch verschwunden.

Nathanael erwachte wie aus schwerem, fürchterlichem Traum, er schlug die Augen auf und fühlte wie ein unbeschreibliches Wonnegefühl mit sanfter, himmlischer Wärme ihn durchströmte.

1 *einzuschwärzen*: einzuschmuggeln
2 *Teeisten*: Teilnehmer an den Teezirkeln
3 *Elegant*: modischer Mensch
4 *Allegorie*: Sinnbild, Darstellung eines abstrakten Begriffs durch ein rational fassbares Bild
5 *Metapher*: abgekürzter Vergleich, bei dem ein bestimmter gemeinsamer Aspekt übertragen wird (z.B. das Fluss*bett* oder der *Fuß* des Berges)
6 *Sapienti sat!* (lat.): Dem Wissenden genügt es!

Ästhetischer Tee. Vignette aus den „Fliegenden Blättern“

Er lag in seinem Zimmer in des Vaters Hause auf dem Bette, Clara hatte sich über ihn hingebeugt und unfern standen die Mutter und Lothar. „Endlich, endlich, o mein herzlieber Nathanael – Nun bist du genesen von schwerer Krankheit – nun bist du wieder mein!“ – So sprach Clara recht aus tiefer Seele und fasste den Nathanael in ihre Arme. Aber dem quollen vor lauter Wehmut und Entzücken die hellen, glühenden Tränen aus den Augen und er stöhnte tief auf. „Meine – meine Clara!“ – Siegmund, der getreulich ausgeharrt bei dem Freunde in großer Not, trat herein. Nathanael reichte ihm die Hand: „Du treuer Bruder hast mich doch nicht verlassen.“ – Jede Spur des Wahnsinns war verschwunden, bald erkräftigte sich Nathanael in der sorglichen Pflege der Mutter, der Geliebten, der Freunde. Das Glück war unterdessen in das Haus eingekehrt; denn ein alter, karger Oheim[1], von dem niemand etwas gehofft, war gestorben und hatte der Mutter nebst einem nicht unbedeutenden Vermögen ein Gütchen in einer angenehmen Gegend unfern der Stadt hinterlassen. Dort wollten sie hinziehen, die Mutter, Nathanael mit seiner Clara, die er nun zu heiraten gedachte, und Lothar. Nathanael war milder, kindlicher geworden, als er je gewesen und erkannte nun erst recht Claras himmlisch reines, herrliches Gemüt. Niemand erin-

1 *Oheim*: Onkel

nerte ihn auch nur durch den leisesten Anklang an die Vergangenheit. Nur, als Siegmund von ihm schied, sprach Nathanael: „Bei Gott, Bruder! Ich war auf schlimmem Wege, aber zu rechter Zeit leitete mich ein Engel auf den lichten Pfad! – Ach, es war ja Clara! –“ Siegmund ließ ihn nicht weiterreden, aus Besorgnis, tief verletzende Erinnerungen möchten ihm zu hell und flammend aufgehen. – Es war an der Zeit, dass die vier glücklichen Menschen nach dem Gütchen ziehen wollten. Zur Mittagsstunde gingen sie durch die Straßen der Stadt. Sie hatten manches eingekauft, der hohe Ratsturm warf seinen Riesenschatten über den Markt. „Ei!“, sagte Clara, „steigen wir doch noch einmal herauf und schauen in das ferne Gebirge hinein!“ Gesagt, getan! Beide, Nathanael und Clara, stiegen herauf, die Mutter ging mit der Dienstmagd nach Hause, und Lothar, nicht geneigt, die vielen Stufen zu erklettern, wollte unten warten. Da standen die beiden Liebenden Arm in Arm auf der höchsten Galerie des Turmes und schauten hinein in die duftigen Waldungen, hinter denen das blaue Gebirge, wie eine Riesenstadt, sich erhob.

„Sieh doch den sonderbaren kleinen, grauen Busch, der ordentlich auf uns loszuschreiten scheint“, frug Clara. – Nathanael fasste mechanisch nach der Seitentasche; er fand Coppolas Perspektiv, er schaute seitwärts – Clara stand vor dem Glase! – Da zuckte es krampfhaft in seinen Pulsen und Adern – totenbleich starrte er Clara an, aber bald glühten und sprühten Feuerströme durch die rollenden Augen, grässlich brüllte er auf, wie ein gehetztes Tier; dann sprang er hoch in die Lüfte und grausig dazwischen lachend schrie er in schneidendem Ton: „Holzpüppchen, dreh dich – Holzpüppchen, dreh dich“ – und mit gewaltiger Kraft fasste er Clara und wollte sie herabschleudern, aber Clara krallte sich in verzweifelnder Todesangst fest an das Geländer. Lothar hörte den Rasenden toben, er hörte Claras Angstgeschrei, grässliche Ahnung durchflog ihn, er rannte herauf, die Tür der zweiten Treppe war verschlossen – stärker hallte Claras Jammergeschrei. Unsinnig vor Wut und Angst stieß er gegen die Tür, die endlich aufsprang – Matter und matter wurden nun Claras Laute: „Hülfe – rettet – rettet –“, so erstarb die Stimme in den Lüften. „Sie ist hin – ermordet von dem Rasenden“, so schrie Lothar. Auch die Tür zur Galerie war zugeschlagen. – Die Verzweiflung gab ihm Riesenkraft, er sprengte die Tür aus den Angeln. Gott im Himmel – Clara schwebte von dem rasenden Nathanael erfasst über der Galerie in den Lüften – nur mit einer Hand hatte sie noch die Eisenstäbe umklammert. Rasch wie der Blitz erfasste Lothar die Schwester, zog sie hinein und schlug in demselben Augenblick mit geballter Faust dem Wütenden ins Gesicht, dass er zurückprallte und die Todesbeute fahren ließ.

Lothar rannte herab, die ohnmächtige Schwester in den Armen. – Sie war gerettet. – Nun raste Nathanael herum auf der Galerie und sprang hoch in die Lüfte und schrie *„Feuerkreis,* dreh dich – *Feuerkreis,* dreh dich“ – Die Menschen liefen auf das wilde Geschrei zusammen; unter ihnen ragte riesengroß der Advokat Coppelius hervor, der eben in die Stadt gekommen und gerades Weges nach dem Markt geschritten war. Man wollte herauf, um sich des Rasenden zu bemächtigen, da lachte Coppelius sprechend: „Ha ha – wartet nur, der kommt schon herunter von selbst“, und schaute wie die Übrigen hinauf. Nathanael blieb plötzlich wie erstarrt stehen, er bückte sich herab, wurde den Coppelius gewahr und mit dem gellenden Schrei: „Ha! Sköne Oke – Sköne Oke“, sprang er über das Geländer.

Als Nathanael mit zerschmettertem Kopf auf dem Steinpflaster lag, war Coppelius im Gewühl verschwunden.

Nach mehreren Jahren will man in einer entfernten Gegend Clara gesehen haben, wie sie mit einem freundlichen Mann Hand in Hand vor der Türe eines schönen Landhauses saß und vor ihr zwei muntre Knaben spielten. Es wäre daraus zu schließen, dass Clara das ruhige häusliche Glück noch fand, das ihrem heitern, lebenslustigen Sinn zusagte und das ihr der im Innern zerrissene Nathanael niemals hätte gewähren können.

Gustave Courbet Der Verzweifelte oder Der vor Angst Wahnsinnige (Selbstporträt, 1843–45)

MATERIALIEN

Perspektiven

M 1 Zwei Stillleben

Der eingenommene Blickwinkel spielt in der Literatur eine ebenso große Rolle wie in der bildenden Kunst. Zwei sehr verschiedene Ansätze finden sich in diesen beiden Stillleben.

Georges Braque Krug und Violine
(Öl auf Leinwand, 1910)

Alexander Kanoldt Stillleben
(Öl auf Leinwand, 1925)

Arbeitsanregungen

1 *Beschreiben Sie die beiden Gemälde. Beziehen Sie nicht nur die abgebildeten Gegenstände, sondern auch den umgebenden Raum in Ihre Beschreibung mit ein.*
2 *Überprüfen Sie auch, wo sich der Maler jeweils befindet, welchen Blickwinkel er also einnimmt.*
3 *Welche Beschreibung fällt Ihnen leichter? Begründen Sie Ihre Aussage.*
4 *Welches Bild zeigt das Dargestellte präziser, umfassender?*

Automaten

M 2 Wolfgang Munsky *Geschichte der Wachspuppen*

Eine weitere Vorstufe des Jahrmarktzaubers, besonders was Panoptikum[1] und Schaubude betrifft, findet sich im Effigiesgebrauch[2] der Funeralriten[3] des 14. bis 18. Jahrhunderts. Um langfristige Begräbnisvorbereitungen, Überführungen und öffentliche Aufbahrungen zu ermöglichen, entriss man im Mittelalter zahlreiche Herrscherleichen vorübergehend dem Verwesungsprozess, indem diese eingepökelt, balsamiert, mumifiziert oder more Teutonico[4] abgekocht wurden. Infolge von Missgeschicken und veranlasst durch den Wunsch, Vorbereitungszeit und Feierlichkeiten auszudehnen, ging man vielfach dazu über, Scheinleiber zu verwenden, d. h. Puppen aus Holz, Wachs oder Weidengeflecht, die den Leichnam bei Trauerumzügen und öffentlichen Schaustellungen vertraten. Ein Malheur ereignete sich beispielsweise nach dem Ableben Heinrichs I. 1135, der „von Tausenden seines Heeres eskortiert, in die Bischofskirche gebracht und dort des Nachts wegen schon begonnenem starken Leichengeruch durch einen Metzger ausgeweidet [wurde]. Nur gegen hohe Belohnung fand sich einer, der mit einem Beil das Haupt spaltete, um das übelstinkende Gehirn zu entfernen. Der Mann starb an Leichenvergiftung [...]" Mit dem „rüden Konservierungsversuch" endeten jedoch die Unannehmlichkeiten nicht. „Während der Aufbahrung in Caen tropfte unaufhörlich ein schrecklicher schwarzer Saft aus dem Bündel, weshalb man ständig Gefäße unter der Bahre bereithalten musste."

Die seit dem 14. Jahrhundert zum Einsatz gebrachten Mannequins schufen Abhilfe von derartigen misslichen Unglücksfällen und befriedigten ebenso wie die bislang ausgestellten Leichname die Schaulust der breiten Masse. Aus dem Panoptikum der konservierten Leichen hatte sich das Panoptikum der mehr oder minder urbildtreuen Puppen entwickelt, das in der Folgezeit nicht auf den Funeralbereich beschränkt blieb. Wächserne Staatsporträts wie der sitzende Friedrich I. von Preußen oder illustre Figuren wie die Luthers wurden hergestellt und auf Wanderschauen oder in ortsgebundenen Einrichtungen gezeigt.

In Florenz befand sich im 17. Jahrhundert ein Wachsfigurenkabinett ungewöhnlicher Art. Die Mächtigen der Stadt und deren prominente Freunde besaßen in der Gnadenkirche Santissima Aunum ciata das Privileg, ihre Wachspuppen aufzustellen und sich somit ihres Seelenheils bei allen Gottesdiensten zu versichern. Nachdem jedoch aus Platzmangel die lebensgroßen Nachbildungen mit Stricken unter dem

1 *Panoptikum:* Kuriositätenschau

2 *Effigies* (lat.): Bild, Abbild; lebensgroße Puppe, die als getreue Kopie mit vollständiger Kleidung und Echthaarperücke bei Herrscherbegräbnissen die Stelle des Toten einnahm

3 *Funeralriten:* Bestattungsriten

4 *more Teutonico:* nach deutscher Sitte. Das Verfahren, nur die ausgekochten Knochen des Toten zu bestatten, wurde dann angewandt, wenn der Leichnam die Überführung in Heimaterde nicht überstanden hätte (etwa während der Kreuzzüge).

Dach befestigt werden mussten, geschah es häufig, dass Mannequins auf die in Andacht Versunkenen wie ein Fluch Gottes hinabstürzten und als Segen des Erlösers einigen Gläubigen die Pforten zur himmlischen Herrlichkeit öffneten.

M 3 Ankündigung einer Androiden-Ausstellung aus der Werkstatt der Jaquet-Droz in einer Pariser Zeitung vom 15. 10. 1823

Begeben Sie sich zur Rue Richelieu, Ecke Boulevard Montmartre, und Sie werden dort ein Kind aus Kupfer und Pappe oder Holz antreffen, dem Sie diktieren können, was Sie wollen, es wird gehorchen und seine Feder wird in sehr eleganter Schrift das Wort oder den Satz schreiben, die Sie ihm aufgeben ... Seine geistigen Fähigkeiten hängen von Federn ab und sind an spezifische Bewegungen gewöhnt, die sein Meister einstellt, bevor er es mittels eines in den Rücken gesteckten Schlüssels für 15 Minuten zum Leben erweckt. Doch wir versichern Ihnen, dass dieses Kind mehr Verstand besitzt als so mancher Sekretär einer hochgestellten Persönlichkeit, besonders deshalb, weil es alles niederschreibt, was man ihm diktiert, und selbst wenn es Unsinn ist. Denn das ist seine Natur, es führt das Leben eines Sklaven und sein Gehirn, seine Seele und sein Herz sind aus Bronze. Außer diesem jungen Sekretär, der jedermann zu Diensten ist, gibt es da noch ein anderes Wunderkind, das viel ungezwungener ist als das erste. Es ist ein Zeichner und hat all die Freiheiten eines Künstlers. Wir müssen zugeben, dass der Mechanismus dieses kleinen Künstlers oder besser gesagt sein auf einige Minuten beschränktes Leben sehr bewundernswert, aber nicht leicht zu beschreiben ist. Es scheint, als ob ein göttlicher Atem ihn beseele, während er eine Zeichnung anfertigt, die er vorerst skizziert und dann vor Ihren Augen mit dem Bleistift schattiert. Die Leichtigkeit seiner Hand ist unbeschreiblich und seine Zeichnungen bestehen keineswegs bloß aus simplen und gleichförmigen Strichen, wie zum Beispiel bei einer Maschine, man spürt wahrhaftig die geschickte Hand eines jungen Zeichners. Er verleiht bestimmten Stellen Nachdruck und seine Hand bewegt sich mit unglaublich viel Geschick und Leichtigkeit. Wir bezweifeln, dass ein Künstler aus dem Stegreif schneller und besser eine Skizze anfertigen könnte. Während der Arbeit folgen seine Augen dem Bleistift, er scheint von Zeit zu Zeit zu überlegen, kommt auf die Linien zurück, die er nicht genügend betont hat und geht von einer Stelle zur andern mit einer Anmut, um die ihn wohl so mancher Zuschauer beneidet. Man sieht ihn sogar über das Papier blasen, wenn seinem Bleistift etwas im Wege ist. Diese zwei mechanischen Kinder haben in der Rue Richelieu noch eine Verwandte, eine junge Musikerin, die uns recht höflich mit ihrem Spinett begrüßt hat. Wir haben am Heben und Senken ihres Busens und in ihren Augen gesehen, dass sie sehr schüchtern ist. Die Weisen, die sie spielt, sind etwas altmodisch; sie selbst ist seit einem halben Jahrhundert 15 Jahre alt. Glückliches Vorrecht der Automaten! Die Zeit vergeht und alles verändert sich, doch sie bleiben stets die Gleichen.

M4 E.T.A. Hoffmann *Der Teezirkel*

[...] sie wissen, dass der Geheime Rat Röderlein hier ein ganz charmantes Haus macht und zwei Töchter hat, von denen die ganze elegante Welt mit Enthusiasmus behauptet, sie tanzten wie die Göttinnen, sprächen Französisch wie die Engel und spielten und sängen und zeichneten wie die Musen. Der Geheime Rat Röderlein ist ein reicher Mann; er führt bei seinen vierteljährigen Diners die schönsten Weine, die feinsten Speisen, alles ist auf den elegantesten Fuß eingerichtet, und wer sich bei seinen Tees nicht himmlisch amüsiert, hat keinen Ton, keinen Geist und vornehmlich keinen Sinn für die Kunst. Auf diese ist es nämlich auch abgesehen; neben dem Tee, Punsch, Wein, Gefrornen etc. wird auch immer etwas Musik präsentiert, die von der schönen Welt ganz gemütlich so wie jenes eingenommen wird. Die Einrichtung ist so: Nachdem jeder Gast Zeit genug gehabt hat, eine beliebige Zahl Tassen Tee zu trinken, und nachdem zweimal Punsch und Gefrornes herumgegeben worden ist, rücken die Bedienten die Spieltische heran für den älteren, solideren Teil der Gesellschaft, der dem musikalischen das Spiel mit Karten vorzieht, welches auch in der Tat nicht solchen unnützen Lärm macht und wo nur einiges Geld erklingt. – Auf dies Zeichen schießt der jüngere Teil der Gesellschaft auf die Fräuleins Röderlein zu; es entsteht ein Tumult, in dem man die Worte unterscheidet: Schönes Fräulein, versagen Sie uns nicht den Genuss Ihres himmlischen Talents – o singe etwas, meine Gute. – Nicht möglich – Katarrh – der letzte Ball – nichts eingeübt. – O bitte, bitte – wir flehen etc. Gottlieb hat unterdessen den Flügel geöffnet und das Pult mit dem wohlbekannten Notenbuche beschwert. Vom Spieltisch herüber ruft die gnädige Mama: „Chantez donc, mes enfants!“[1] Das ist das Stichwort *meiner* Rolle; ich stelle mich an den Flügel und im Triumph werden die Röderleins an das Instrument geführt. Nun entsteht wieder eine Differenz: Keine will zuerst singen. „Du weißt, liebe Nanette, wie entsetzlich heiser ich bin.“ – „Bin ich es denn weniger, liebe Marie?“ – „Ich singe so schlecht.“ – „O Liebe, fange nur an etc.“ Mein Einfall, (ich habe ihn jedes Mal!) beide möchten mit einem Duo anfangen, wird gewaltig beklatscht, das Buch durchblättert, das sorgfältig eingeschlagene Blatt endlich gefunden, und nun geht's los: „Dolce dell' anima[2] etc.“ – Das Talent der Fräulein Röderlein ist wirklich nicht das geringste. Ich bin nun fünf Jahre hier und viertehalb Jahre im Röderlein'schen Hause Lehrer; für diese kurze Zeit hat es Fräulein Nanette dahin gebracht, dass sie eine Melodie, die sie nur zehnmal im Theater gehört und am Klavier dann höchstens noch zehnmal durchprobiert hat, so wegsingt, dass man gleich weiß, was es sein soll. Fräulein Marie fasst es schon beim achten Mal, und wenn sie öfters einen Viertelston tiefer steht als das Piano, so ist das bei solch niedlichem Gesichtlein und den ganz leidlichen Rosenlippen am Ende wohl zu ertragen. – Nach dem Duett allgemeiner Beifallschorus! Nun wechseln Arietten und Duettinos und ich hämmere das tausendmal geleierte Akkompagnement frisch darauflos. Während des Gesanges hat die

1 *Chantez donc, mes enfants!* (frz.): Singt doch, meine Kinder!
2 *Dolce dell' anima:* vermutlich von Hoffmann erfundener Liedanfang

Finanzrätin Eberstein durch Räuspern und leises Mitsingen zu verstehen gegeben: Ich singe auch. Fräulein Nanette spricht: „Aber liebe Finanzrätin, nun musst du uns auch deine göttliche Stimme hören lassen." Es entsteht ein neuer Tumult. Sie hat den Katarrh – sie kann nichts auswendig! – Gottlieb bringt zwei Arme voll Musikalien herangeschleppt: Da wird geblättert und geblättert. Erst will sie singen: Der Hölle Rache[1] etc. dann: Hebe, sieh[2] etc. dann: Ach, ich liebte[3] etc. In der Angst schlage ich vor: Ein Veilchen auf der Wiese etc. Aber sie ist fürs große Genre, sie will sich zeigen, es bleibt bei der Constanze. – O schreie du, quieke, miaue, gurgle, stöhne, ächze, tremuliere, quinkeliere nur recht munter: Ich habe den Fortissimo-Zug getreten und orgle mich taub. – O Satan, Satan! Welcher deiner höllischen Geister ist in diese Kehle gefahren, der alle Töne zwickt und zwängt und zerrt. Vier Saiten sind schon gesprungen, ein Hammer ist invalid. Meine Ohren gellen, mein Kopf dröhnt, meine Nerven zittern. Sind denn alle unreine Töne kreischender Marktschreier-Trompeten in diesen kleinen Hals gebannt? – Das hat mich angegriffen – ich trinke ein Glas Burgunder! – Man applaudierte unbändig und jemand bemerkte, die Finanzrätin und Mozart hätten mich sehr ins Feuer gesetzt. Ich lächelte mit niedergeschlagenen Augen, recht dumm, wie ich wohl merkte. Nun erst regen sich alle Talente, bisher im Verborgenen blühend, und fahren wild durcheinander. Es werden musikalische Exzesse beschlossen: Ensembles, Finalen, Chöre sollen aufgeführt werden. Der Kanonikus Kratzer singt bekanntlich einen himmlischen Bass, wie der Tituskopf dort bemerkt, der selbst bescheiden anführt, er sei eigentlich nur ein zweiter Tenor, aber freilich Mitglied mehrerer Singe-Akademien. Schnell wird alles zum ersten Chor aus dem Titus[4] organisiert. Das ging ganz herrlich! Der Kanonikus, dicht hinter mir stehend, donnerte über meinem Haupte den Bass, als sang er mit obligaten Trompeten und Pauken in der Domkirche; er traf die Noten herrlich, nur das Tempo nahm er in der Eil fast noch einmal so langsam. Aber treu blieb er sich wenigstens insofern, dass er durchs ganze Stück immer einen halben Takt nachschleppte. Die Übrigen äußerten einen entschiedenen Hang zur antiken griechischen Musik, die bekanntlich die Harmonie nicht kennend, im Unisono ging: Sie sangen alle die Oberstimme mit kleinen Varianten aus zufälligen Erhöhungen und Erniedrigungen, etwa um einen Viertelston.

M 5 Julien Offray de La Mettrie *Der Mensch, eine Maschine*

Der Arzt Julien Offray de La Mettrie (1709–1751) beschrieb 1748 in seinem Werk Der Mensch, eine Maschine *die These, dass sich Mensch und Maschine nur durch die Komplexität ihrer Mechanik unterscheiden.*

1 *Der Hölle Rache:* Arie der Königin der Nacht aus Mozarts Oper *Die Zauberflöte*
2 *Hebe, sieh:* eines der *Deutschen Lieder am Klavier* von F. H. Himmel
3 *Ach, ich liebte:* Arie der Konstanze aus Mozarts Oper *Die Entführung aus dem Serail*
4 *Chor des Titus:* aus Mozarts Oper *La clemenza di Tito*

Betrachten wir jetzt einmal diese Triebfedern der menschlichen Maschine etwas genauer. Durch ihre Tätigkeit entstehen alle vitalen, animalischen, natürlichen und automatischen Bewegungen. Der Körper fährt beim Erschrecken über den unerwarteten Anblick eines Abgrunds maschinenmäßig zurück. Die Augenlider schließen sich, wie man sagt, wenn ihnen ein Schlag droht. Am hellen Tageslicht verengt sich die Pupille, um die Retina zu schonen, und sie erweitert sich, damit man die Gegenstände im Dunkeln sehen kann. Die Poren der Haut schließen sich im Winter maschinenmäßig, um die Kälte nicht in das Innere der Gefäße eindringen zu lassen. Der Magen erhebt sich, vom Gift gereizt, bei einer gewissen Menge Opium und bei allen Brechmitteln usw. Das Herz, die Arterien und die Muskeln ziehen sich während des Schlafes ebenso zusammen wie im Wachen. Die Lunge tut ihren Dienst wie ein beständig neu aufgetriebener Blasebalg. Alle Schließmuskel der Blase und des Mastdarms usw. funktionieren maschinenmäßig. [...] Man sieht, dass es überhaupt nur eine Substanz auf dieser Welt gibt und dass der Mensch ihr vollkommenster Ausdruck ist. Er ist im Vergleich zu den Affen und den klügsten Tieren, was die Planetenuhr von Huyghens[1] im Vergleich zu einer Uhr des Königs Julianus ist. Wenn man mehr Instrumente, mehr Räder und mehr Federn brauchte, um die Bewegungen der Planeten, als um die Stunden anzuzeigen und zu wiederholen, wenn Vaucanson[2] mehr Kunst anwenden musste, um seinen Flötenspieler, als um seine Ente zu machen, so hätte er noch mehr Kunst anwenden müssen, um einen „Sprecher“ herzustellen; eine solche Maschine darf nicht mehr als eine Unmöglichkeit angesehen werden.

Auch die „Seele“, das Vermögen zu Wahrnehmung, Empfindung, Vorstellung und Denken, ist für La Mettrie nicht etwa immateriell und unsterblich, sondern nur organisierte Gehirnmasse.

Arbeitsanregungen zu M2 bis M5

1. *Stellen Sie die Gründe zusammen, aus denen die beschriebenen Automaten gebaut wurden.*
2. *Inwiefern können Sie in Hoffmanns Beschreibung des Teezirkels automatenhaftes Verhalten erkennen? Skizzieren Sie kurz eine denkbare Störung des geschilderten Ablaufs. Welche Auswirkungen auf die Teegesellschaft können Sie sich vorstellen?*
3. *Welche Rolle spielen Automaten im Weltbild La Mettries?*
4. *Schreiben Sie die Geschichte der Automatenentwicklung weiter.*
5. *Welche Rolle spielen Automaten heute? Beschreiben Sie ihre Wirkung auf uns.*

1 Christiaan Huyghens' (1629–1695) Planetenuhr gab den jeweiligen Stand der Planeten in Relation zur Sonne wieder.

2 Der berühmte Mechaniker Jacques de Vaucanson (1709–1782) konstruierte einen Flötenspieler, der Lippen, Finger und Zunge bewegend zwölf Melodien auf der Querflöte spielte, während die mechanische Ente fraß, verdaute und das Gefressene auch wieder ausschied. Beide Automaten sorgten bei Wanderausstellungen für großes Aufsehen.

Wahnsinn

M 6 Johann Christian Reil *Anwendung der psychischen Kurmethode*

Der fixe Wahnsinn besteht in einer partiellen[1] Verkehrtheit des Vorstellungsvermögens, die sich auf einen oder auf eine Reihe homogener Gegenstände bezieht, von deren Dasein der Kranke nicht zu überzeugen ist und die daher die Freiheit seines Begehrungsvermögens beschränkt und dasselbe gezwungen, seiner fixen Idee gemäß, bestimmt. Beide Merkmale, fixe Ideen und subjektive Überzeugung, dass der Wahn Wahrheit sei, gehören wesentlich zur Charakteristik dieser Krankheit. [...] Über die Natur des fixen Wahns und seiner *psychologischen Entwickelung* aus dem Wesen unserer Seele habe ich wenig Befriedigendes in den Schriften über die Seelenlehre gefunden. Das normale Verhältnis in der Dynamik der Teile des Seelenorgans ist verstimmt. Einige seiner Fasern sind zu reizbar, wirken hervorstechend, halten den aufgefassten Gegenstand unwandelbar fest, assoziieren[2] sich mit allen, auch heterogenen Erregungen, und erschöpfen die Summe der Kraft so sehr, dass keine andern Handlungen wirklich werden können. Die Fortdauer erzeugt Fertigkeit, nach den Gesetzen der Gewohnheit. Die ungeübten Teile rosten ein. Die Seele ist genötiget, das ihr unablässig aufgedrungne Objekt für Wahrheit zu halten, und in diesem Augenblick ist sie verrückt.

Der Mensch hat eine natürliche Anlage zu dieser Krankheit, weil er schwerlich auch im gesunden Zustande ganz frei von fixen Ideen ist, die vor dem Richterstuhl der unbedingten Vernunft nicht passieren[3]. Er lässt sie als Axiome[4] stehn, ohne über ihre Haltbarkeit zu reflektieren, aus Gewohnheit, Bequemlichkeit, Schwäche des Alters oder aus überwiegender Stärke des Gefühlsvermögens und der Fantasie im Verhältnis zur Vernunft. [...] Ferner gibt es gewisse Gegenstände, an welche der Mensch sich mit Wärme hängt, weil sie mit seinem Interesse in enger Verbindung stehn und der Organismus hat die Eigenschaft, dass seine Aktionen umso leichter wiederkehren, als sie oft wiederholt sind. Diese Gegenstände ziehn ihn ursprünglich durch ihr Interesse willkürlich an und halten ihn in der Folge, in dem Maße, wie das Interesse verlöscht, durch die Gewohnheit gezwungen fest. [...] Allein auch die bloße Gewohnheit kann Gefühle und Ideen fixiren, die ohne besonderes Interesse wegen einer äußeren Notwendigkeit oft wiederholt werden. Ich habe einen alten Mann gekannt, der den größten Teil seines Lebens mit Korrekturen zugebracht hatte. Er dachte an nichts als an diesen Gegenstand, träumte des Nachts und fantasierte im Fieber davon. Zugleich muss man die Disposition[5] des Menschen und seine äußeren Verhältnisse mit in Anschlag bringen.

1 *partiellen:* nur Teile betreffenden
2 *assoziieren:* verbinden
3 *passieren:* durchgehen
4 *Axiome:* als absolut richtig erkannte Grundsätze
5 *Disposition:* Empfänglichkeit

Leidenschaftliche Gegenstände gewinnen vorzüglich[1] über Personen eine Herrschaft, die von Natur misstrauisch, verschlossen und zu Grübeleien geneigt sind, voller Vorurteile stecken, an Verstandes-Schwäche leiden und daher den wahren Wert der Dinge zu schätzen nicht im Stande sind. Sie glauben leicht an Chimären[2], die mit der Erfüllung ihrer Wünsche in Verbindung stehn. Treffen vollends noch mit diesen inneren Zuständen äußere Verhältnisse, z. B. Aufenthalt an öden Orten, Einsamkeit, einförmige Arbeit, Klosterleben usw. zusammen, die die Fantasie wenig beschäftigen, so entsteht der fixe Wahn um desto leichter. Dann hat der Mensch einen natürlichen Hang, sich in einem geträumten Zustand zu denken und in Beziehung auf denselben das Bewusstsein seiner wahren Verhältnisse zu verleugnen. Das Kind spielt die Wochenfrau, den Soldaten oder König; wir ergötzen uns an den Fiktionen der Maler, Dichter und Schauspieler, ja es macht uns selbst in den späteren Jahren des Lebens noch glücklich, uns eine Welt in der Fantasie zu schaffen, in welcher wir eine glänzendere Rolle als in der wirklichen spielen. Allein unsere Besonnenheit weist uns bald in unsere natürlichen Verhältnisse zurück. Wenn hingegen dieselbe durch Schwäche des Verstandes, durch eine hervorstechende Stärke der Fantasie, durch eine geschäftslose Einsamkeit, einseitige Anstrengungen der Seele usw. geschwächt wird, so kann dieser Hang zur Träumerei ein Keim des Wahnsinns werden und irgendeine romanhafte Idee fixieren. [...] Endlich gerät noch der eigensinnige Mensch zwischen dem inneren Triebe, sich selbst zu bestimmen und dem Gefühle der gezwungnen Bestimmbarkeit durch Außenverhaltnisse ins Gedränge, weil er seine Vernunft verleugnet, die hier allein den Ausweg zeigen muss.

Bei der psychischen Kur dieser Geisteszerrüttung kömmt es bloß allein darauf an, *die fixe Vorstellung zu tilgen.* Mit ihr schwinden alle Triebe, Begierden und unstatthaften Handlungen, die von ihr, als von ihrer Quelle, ausströmen. Sobald dieselbe auch nur in längeren Zwischenräumen schweigt und dadurch der zitternden Saite einzelne Ruhepunkte verstattet werden; so vermindert sich ihre hervorstechende Reizbarkeit, in welcher die kranke Fertigkeit gegründet ist. Mit der Rückkehr des normalen Kraftverhältnisses im Seelenorgan kehren die Freiheit der Überlegung und die Bestimmung des Willens nach den Gesetzen der Vernunft zurück. Der Kranke ist im Stande, den Ungrund seiner fixen Vorstellung aufzusuchen oder sie als etwas Gleichgültiges beiseite zu setzen, bis sie allmählich von selbst verlöscht. Dazu gehört nun mancherlei; Abstumpfung einer zu reizbaren Beschaffenheit des Körpers, die die Aufmerksamkeit des Hypochondristen[3] zu sehr an denselben heranzieht; Entfernung der Gelegenheits-Ursachen im Körper und außer demselben, z. B. Reize des Gemeingefühls, Gegenstände der Liebe, des Hasses; zweckmäßige Hülfen bei der frühsten Entwickelung der fixen Idee, damit sie nicht Wurzel fasse; endlich Vorschiebung solcher Objekte, die nächst dem fixierten das meiste Interesse für den Kranken zu haben scheinen [...].

1 *vorzüglich:* hier: vorzugsweise, vor allem
2 *Chimären:* Trugbilder
3 *Hypochondrist:* jemand, der sich aus Angst vor Krankheit ständig selbst beobachtet

Alle Ideen, die uns durch ihr Interesse fesseln, *verlöschen endlich durch die Zeit,* wenn sie durch einstweilige Vorfälle außer uns und nicht etwa durch permanente Gegenstände in und außer dem Körper erregt werden. In diesen Fällen kommt daher alles darauf an, die Zeit zu gewinnen, die das Übel zuverlässig heilt, ohne dass bis dahin, durch die überspannte Anstrengung des Gehirns, Verletzungen desselben entstehn, die ihrer Natur nach unheilbar sind. Wenn der Verlust irgendeines Glücksguts den Kranken fesselt, so kann die vorgespiegelte Hoffnung eines bedeutenden Gewinns oder die Gefahr, ein anderes ebenso großes Gut zu verlieren, ihn in ein Schwanken zwischen mehreren Objekten versetzen, wodurch die Fixierung auf eins verhütet wird. Der Verlust eines Kindes wird uns wahrscheinlich nicht fesseln, wenn wir in demselben Augenblick in Gefahr geraten, ein zweites durch Krankheit zu verlieren, das unsere Vorsorge erfordert und dessen langsame Genesung uns Ruhepunkte zur Erinnerung an den erlittenen Verlust verstattet, wodurch wir mit demselben familiarisiert werden. Ein Mensch, der durch einen unerwarteten Glücksfall erschüttert wird, kann dadurch gehalten werden, dass man denselben schmälert, ihn von der Möglichkeit des Verlustes oder von der Gefahr eines andern Unfalls überzeugt.

Dann muss man den Kranken Gehorsam und Ehrfurcht für die Personen beibringen, die auf sie wirken sollen, ihre Besonnenheit wecken und sie nach den oben angegebenen Regeln zur Kur vorbereiten. Der Arzt muss sich ihrer Herzen bemeistern, bald durch Ernst und Strenge, bald durch Gelindigkeit und Teilnahme an ihren Schicksalen, wenn sie durch Unglücksfälle gebeugt sind. Dadurch wird er in den Stand gesetzt, entweder durch Gründe und sanfte Anmahnungen oder durch Zwangsmittel, sie anhaltend zu einer Körper- oder Seelenarbeit zu bestimmen, die ihre fixen Ideen verdrängt und Intervalle herbeiführt, in welchen sie von selbst erlöschen. Die Arbeit muss mit Wechsel verbunden sein, damit der Kranke nicht zu schnell seine fixen Vorsätze mit den unwandelbaren Gegenständen, die bald ihr Interesse verlieren, verweben könne. Sie muss seinen Kräften und Neigungen angemessen sein und dadurch ihn anziehn. Sind keine Gegenstände der Art aufzufinden, die durch ihr natürliches Interesse fesseln, so verschafft man ihnen ein erkünsteltes, durch vorgeschobne und scheinbare Gefahren. Alles dies gelingt in öffentlichen Anstalten besser als in Privathäusern.

Arbeitsanregungen

1 Skizzieren Sie das Krankheitsbild des fixen Wahnsinns, wie Reil es beschreibt.
- *Was begünstigt den Ausbruch der Krankheit?*
- *Wie unterscheidet sich der Kranke vom Gesunden?*

2 Wie wird die Krankheit nach Reil therapiert und was ist das Ziel der Therapie?

3 Kann bei Nathanael der fixe Wahnsinn diagnostiziert werden? Begründen Sie Ihre Meinung.

M7 E.T.A. Hoffmann Aus der Handschrift I

Die erste Niederschrift der Erzählung wurde „d. 16. Novbr. 1815 nachts 1 Uhr" begonnen und nach bereits acht Tagen abgeschlossen. Gegenüber der endgültigen Druckfassung unterscheidet sich diese vor allem an zwei Stellen:
„Coppelius ließ sich nicht mehr sehen, es hieß, er habe die Stadt verlassen." (S. 19, Z. 5) Dieser Satz wurde von Hoffmann erst in den Erstdruck des Sandmann *eingefügt, in der Handschrift ist die Stelle wesentlich umfangreicher:*

Wie gesagt, Coppelius ließ sich nicht mehr sehen, mein Vater schien unbefangen und heiter, nicht mit einer Silbe wurde meiner Neugierde, die ich so schwer büßen musste, erwähnt. – Ich war vierzehn, meine jüngste Schwester, der Mutter treues Ebenbild, anmutig, sanft und gut wie sie, sechs Jahr alt worden, ich liebte sie sehr, und so geschah es, dass ich oft mit ihr spielte. So saß ich einst mit ihr in unserer ziemlich einsamen Straße vor der Haustür, und ließ ihre Puppen miteinander sprechen, sodass sie in kindischer Lust lachte und jauchzte. Da stand mit einem Mal der verhasste Coppelius vor uns – Was wollen Sie hier? – Sie haben hier nichts zu suchen – Gehen Sie – gleich gehen Sie – So fuhr ich den Menschen an und stellte mich wie kampflustig vor ihn hin – Hoho hoho klein(e) Bestie – lachte er hämisch, aber er schien nicht ohne Scheu vor meiner kleinen Person. Doch schnell, ehe ich mir's versah, ergriff er m(eine) kleine Schwester – Da schlug ich ihn nach dem Gesicht – er hatte sich gebückt – ich traf ihn schmerzlich – mit wütendem Blick fuhr er auf mich los – ich schrie Hilfe – Hilfe – des Nachbars Brauers Knecht sprang vor die Tür, Hey Hey – hey – der tolle Advokat – der tolle Coppelius – macht euch über ihn her, macht euch über ihn her – so rief es und stürmte von allen Seiten auf ihn ein – er floh gehetzt über die Straße – Aber nicht lange dauerte es, so fingen meinem Schwesterlein die Augen an zu schmerzen, Geschwüre, unheilbar setzten sich dran – in drei Wochen war sie blind – drei Wochen darauf vom Nervenschlag getroffen tot – „Die hat der teuflische Sandmann ermordet – Vater – Vater – gib ihn bei der Obrigkeit an, den verruchten Mörder! – so schrie ich unaufhörlich. Der Vater schalt mich heftig und bewies mir, dass ich was Unsinniges behaupte, aber in dem Jammerblicke der trostlosen Mutter las ich nur zu deutlich, dass sie dieselbe Ahnung im Innern trage. – Es hieß, Coppelius habe die Stadt verlassen.

M 8 E. T. A. Hoffmann Aus der Handschrift II

Auch der Schluss wurde für den Druck noch wesentlich verändert. Er lautet in der Handschrift (ab „Da standen die beiden Liebenden Arm in Arm“, S. 42, Z. 12):

Da standen die beiden Liebenden Arm und Arm auf der Galerie und schauten hinein in ferne, duftige Waldungen und verfolgten mit sehnsüchtigem Blick, wie der Strom in silbernen Windungen sich durch die Blumenflure schlängelte „Was mag das für ein kleines graues Türmchen (zuerst: Haus, dann: Häubchen) sein, was dort liegt – ach – es bewegt sich ja – schau doch hin, Nathanael? – Nathanael fasste mechanisch nach der Seitentasche – er fand Coppolas Perspektiv – er schaute seitwärts, Clara stand vor dem Glase. – Da glühte und zuckte es in seinen Pulsen und Adern – Feuerströme glühten und sprühten durch die rollenden Augen – grässlich brüllte er auf wie ein gehetztes Tier, aber dann sprang er hoch in die Lüfte und schrie in schneidendem Ton, entsetzlich dazwischen lachend: Holzpüppchen, dreh dich – Holzpüppchen, dreh dich – Und mit gewaltiger Kraft fasste er Clara und wollte sie hinabschleudern, aber Clara krallte sich in verzweifelter Todesangst fest an das Geländer – Lothar hörte ihr Geschrei, eine grässliche Ahnung durchflog ihn – er rannte herauf – die Türe der zweiten Treppe war verschlossen, Claras Jammergeschrei hallte – stärker – und stärker. Unsinnig vor Wut und Angst schlug er dagegen – sie wich seinem verdoppelten Stoßen – Matter tönten Claras Laute – herauf, immerfort herauf – auch die Tür zur Galerie war verschlossen – Hilfe – Rettung – Hilfe Hilfe – So erstarb beinahe schon Claras Rufen – Sie ist hin – Sie ist hin – gemordet vom Rasenden – so schrie Lothar – die Verzweiflung gab ihm Riesenkraft – mit voller Stärke gegen die Türe drängend riss er sie aus den Angeln – Gott im Himmel! – Nathanael hatte Claras rechte Hand losgemacht vom Geländer sie hing mit (?) Leibe heraus ins Freie – das Kleid flatterte in den Lüften – Aber in dem Augenblick fasste mit der einen Hand Lothar die Schwester und schlug mit geballter Faust dem rasenden Nathanael ins Gesicht, dass er zurückprallte – Mit der Schnelligkeit des Blitzes rannte Lothar die ohnmächtige Clara in den Armen herab. Sie war gerettet –

Nun raste Nathanael herum auf der Galerie, da rief eine widerwärtige Stimme von unten herauf: Ey Ey – Kleine Bestie – willst Augen machen lernen – wirf mir dein Holzpüppchen zu! – wirf mir dein Holzpüppchen zu – es war das kleine graue Türmchen, was Clara geschaut – aber nicht ein Türmchen – der Advokat Coppelius stand unten am Turm und schaute und rief so herauf – Nathanael erblickte den Coppelius und lachte: Ha ha ha – Sköne Oke – Sköne Oke – Kauf sie dir ab – Kauf sie dir ab – Komm schon – Komm schon! – Und damit sprang er über das Geländer! –

Als Nathanael mit zerschmettertem Gehirn auf dem Steinpflaster lag, war Coppelius unter den Menschen, die sich um den Toten versammelten, verschwunden. Nach mehreren Jahren will man in einer entfernten Gegend Clara gesehen haben, wie sie mit einem freundlichen Manne Hand in Hand vor der Türe eines schönen Landhauses saß und vor ihr her zwei muntre, goldlockigte Knaben spielten. Es wäre daraus zu schließen, dass sie das ruhige häusliche Glück noch fand, das ihrem heitern, lebenslustigen Sinn zusagte, und das ihr der im Innern zerrissene Nathanael niemals gewähren konnte.

Arbeitsanregungen zu M 7 und M 8

1 Vergleichen Sie die Handschriftenfassung mit der Druckfassung.

2 Welche Veränderung erfährt die Rolle des Coppelius durch die Umarbeitung?

3 Inwiefern müssten Sie, wäre die Handschriftenfassung unverändert geblieben, Ihre Antwort auf die Frage „Sind Coppelius und Coppola identisch?“ revidieren?

Die Nacht

Für die Aufklärung als geistesgeschichtlicher Abschnitt (zwischen 1720 und 1790) ist ihr Name Programm. Das Licht der Vernunft sollte den Menschen leuchten, sie vernünftig belehren und ihnen Erkenntnisse bringen. Dabei spielt die Wahrnehmung über das Auge, also die eigene Anschauung, eine wichtige Rolle. Welche Mängel diese einseitige Sichtweise mit sich bringen kann, führen die Literaturwissenschaftler Beguin und Utz aus.

M 9 Albert Beguin *Traum, Natur und wiedergewonnene Ganzheit*

Der Mensch des 18. Jahrhunderts war überzeugt, die äußere Welt sei die wirkliche Welt und unsere Sinne vermittelten uns ihr getreues Abbild; darum verlangte ihn nach keinem andern Wissen als dem, wie unsere Erkenntnisorgane arbeiten, hegte er keine andere Absicht, als diese Organe unablässig zu schärfen, um nur immer ausgedehntere Macht über das „Gegebene“ zu erlangen. Zwischen dem Verstand und den Sinnen, zwischen den Sinnen und dem Verstand besteht ein vollkommener Kreislauf, ein weise geregelter Mechanismus, der für unsere Fühlungnahme mit der „Außenwelt“ sorgt. Und da dem Verstand die Rolle des Gebieters zukommt, ist auch das Universum als seinen Gesetzen gemäß zu begreifen, als messbar, als unbeschränkt analysierbar, als aus dichten Teilen gefügt. Kühn vertrauend auf die Herrschaft des menschlichen Geistes, auf sein Vermögen, eines Tages alles und jedes erklären zu können, sodass weder in uns selbst noch hinter dem kosmischen Geschehen irgendeine Wirkkraft verborgen bleiben wird, vermag der aufgeklärte Mensch für die Bedeutung von Bildern kein Verständnis mehr aufzubringen [...] Die Poesie wird zum bloßen Spiel, zu einer virtuosen Zerstreuung, welche einem irgendwie kindlichen Verlangen unseres Geistes entgegenkommt; im Übrigen lässt sie sich schlicht und einfach in Prosa übersetzen.

M 10 Peter Utz *Die Wahrnehmung im frühen 19. Jahrhundert: beleuchtet, belehrt, beherrscht*

[…] August Wilhelm Schlegel[1] sieht die Romantik im Schatten des aufgeklärten Lichts:

> Eben auf dem Dunkel, worein sich die Wurzel unsers Daseins verliert, auf dem unauflöslichen Geheimnis beruht der Zauber des Lebens, dies ist die Seele aller Poesie. Die Aufklärung nun, welche gar keine Ehrerbietung vor dem Dunkel hat, ist folglich die entschiedenste Gegnerin jener und tut ihr allen möglichen Abbruch.

Die Opposition zwischen dem Licht der Vernunft und der Nacht der romantischen Poesie ist mehr als eine diskursive Metapher. Wenn Schlegel bemerkt, dass die Aufklärung statt des inneren Lichtes der Poesie auf „Kerzen und Lampen" vertraue, deutet sich schon an, dass das anbrechende Jahrhundert des Fortschritts sich anschickt, mit der Aufklärung, der Metapher des Lichtes, technisch Ernst zu machen. Wie untrennbar Wahrnehmungen und äußerer Zivilisationsprozess sich in ihrer historischen Entwicklung verschränken, zeigt sich gerade hier: Die Augen-Dominanz des „Siècle des Lumières"[2] erhält in der Verbesserung der realen Beleuchtung ihr technisches Komplement. Nicht nur der kritischen Vernunft, nicht nur dem armen Blinden, der ganzen Gesellschaft soll jetzt ein Licht aufgehen. Umgekehrt verstärkt vermehrte Beleuchtung die faszinierende Angst vor der Dunkelheit.

Arbeitsanregungen zu M 9 und M 10

1 Erarbeiten Sie aus den beiden Texten Ziele der Aufklärung.
2 Mit welchen Mitteln sollten sie erreicht werden?
3 Stellen Sie Vermutungen an, welche Rolle die Poesie jeweils spielt.
4 Welche Aspekte bleiben bei der aufgeklärten Auffassung von Welt unberücksichtigt?

1 *Schlegel:* Schriftsteller, Übersetzer und Literaturwissenschaftler (1767–1845)
2 *Siècle des Lumières* (frz.): Zeitalter des Lichts

M 11 Detlef Kremer *Nachtstücke*

Der Sandmann *erschien Ende November 1816 als erste von acht Erzählungen in dem Sammelwerk* Nachtstücke. *Mit der Wahl dieses Titels verwies Hoffmann auf ein Genre, das sowohl in der bildenden Kunst als auch in der Literatur bereits etabliert war.*

Der Genrebegriff *Nachtstücke* entstammt ursprünglich der Malerei und bezeichnet zunächst ganz allgemein Gemälde, die eine nächtliche Szenerie mit starken Hell-Dunkel-Kontrasten darstellen, speziell dann schauerliche Mord-und-Blut-Szenen, für die Hoffmann selbst Salvator Rosa (1615–1673) und Pieter Brueghel den Jüngeren, den so genannten Höllenbreughel (ca. 1564–ca. 1638), als Beispiele nennt. Der Begriff taucht im Deutschen erstmals im 17. Jahrhundert auf, als Übersetzung des italienischen „pittura di notte". In England wird er bereits im 17. Jahrhundert, in Deutschland erst gegen Ende des 18. Jahrhunderts als stilistisches Merkmal von literarischen Texten verwendet. [...]

Seine Unverwechselbarkeit als eine Art erzählerischer Kleingattung erhält das literarische „Nachtstück" jedoch erst durch Hoffmann, indem er das oberflächliche Kriterium einer schauerlichen Szene im Sinne der „gothic novel[1]" um die ästhetische Reflexion der Nachtseiten der menschlichen Seele erweitert. Bereits die ganz frühen Texte der Romantik, Tiecks Märchen vom *Blonden Eckbert* oder der *Heinrich von Ofterdingen* des Novalis, legen den Akzent in ihrer Beobachtung menschlichen Handelns auf das Unbewusste und verstehen dies in Absetzung von der Lichtmetaphorik der Aufklärung als literarische Erkundung der dunklen Seiten der Seele. Hoffmanns *Nachtstücke* schreiben weniger Novalis' stark an harmonischer Vermittlung ausgerichtete Nacht-Fantasien fort als Tiecks Angst- und Schreckensvisionen des Unbewussten. Programmatischer Wert kommt in diesem Zusammenhang Gotthilf Heinrich Schuberts[2] populärwissenschaftlichem *Text Ansichten von der Nachtseite der Naturwissenschaft* (1808) zu, dem Hoffmann zahlreiche Anstöße zu verdanken hat. [...]

In Schuberts Schriften wird eine romantische Naturphilosophie der menschlichen Seele mit den Ergebnissen der theoretischen und praktischen Forschungen des österreichischen, in Frankreich arbeitenden und publizierenden Arztes Franz Anton

1 *gothic novel:* Schauerroman, der durch Schauplätze (alte Schlösser, Klöster und Ruinen, unterirdische Verliese, geheime Laboratorien), Personal (kopflose Reiter und andere Spukerscheinungen, falsche Mönche, intrigante Schwiegermütter, wehrlose Jungfrauen) und Requisiten (Kerzen, ausgestopfte Tiere, wissenschaftliche Instrumente, deren Zweck und Funktionsweise man nur erahnen kann) eine unheimliche Atmosphäre schafft

2 *Schubert:* Gotthilf Heinrich Schubert (1780–1860) ging von einer ursprünglichen (urzeitlichen) Ganzheit von Körper und Seele, Materie und Geist aus. Dieser verlorenen Harmonie kann sich der Mensch wieder annähern, wenn er bei nur unvollständigem Bewusstsein ist, also im Schlaf, im Traum, in der Hypnose, im Wahnsinn.

Mesmer[1] zu einer Psychologie verbunden, die stark am pathologischen Fall ausgerichtet ist. Die romantische Faszination für Somnambulismus[2], Hypnose und tierischen, d.h. organischen Magnetismus beruht auf der Vorstellung, dass sich im Zustand des ausgeschalteten Bewusstseins das Geheimnis einer tieferen Verbindung des Individuums mit der Natur und dem kollektiven Unbewussten in einer psychischen Dynamik enthüllen ließe. [...]

Für die Rezeption der frühen Psychiatrie bei Hoffmann bleibt festzuhalten, dass die Phänomene von Ichspaltung, Wahnvorstellungen und abweichendem Verhalten aller Schattierungen nicht im Kontrast zu einem normativen Gesundheitszustand abqualifiziert werden, sondern als mögliche Zustände auch dem so genannten Gesunden geläufig sind. Die scharfe Trennung zwischen psychischer Gesundheit und Wahnsinn, auf der die aufklärerische Psychologie weitestgehend bestand, wird aufgehoben. Die Grenzen zwischen Vernunft und Wahn geraten in Fluss. Der romantische Blick vermag Traum und ekstatischen Wahnzuständen eine höhere Wahrheit abzugewinnen, umgekehrt erscheint ihm die alltägliche Vernunft als platteste Form der Geistlosigkeit.

Arbeitsanregungen

1 *Arbeiten Sie die Merkmale des Nachtstücks in der bildenden Kunst und in der Literatur heraus.*

2 *Auch Schubert benutzt den Begriff „Nachtseite". Welche Qualitäten schreibt er der Nachtseite zu? Stellen Sie zusammen, wann die Nachtseiten der menschlichen Seele besonders aktiv sind.*

3 *Wie wurde das literarische Genre durch Hoffmann erweitert?*

1 *Mesmer:* Der Theologe und Arzt Mesmer (1734–1815) entwickelte die Lehre von der Heilkraft des „animalischen Magnetismus", einer eher intuitiven, in ihrer Wirkung nicht nachweisbaren Methode zur Heilung von Nervenkrankheiten. Dabei wurde der Patient in einen hypnoseähnlichen Zustand versetzt. Dann folgte das Bestreichen der kranken Körperstellen mit einem magnetisierten Stab aus Glas oder Eisen oder die Séance um einen Bottich, der mit einer ausgeklügelten Aufschichtung von magnetisierten Glasplatten, Glasstücken, Eisenschlacke, Wolle und schließlich magnetisiertem Wasser gefüllt war. Eiserne Abflussstäbe leiteten die magnetischen Kräfte auf die erkrankten Stellen. (Vgl. Feldges, Stadler, S. 27f.) Was heute esoterisch klingt, konnte durchaus psychosomatische Heilungserfolge erzielen.

2 *Somnambulismus:* Schlafwandeln

M 12 Stefanie Heraeus
Zur künstlerischen Eroberung des Traums im 19. Jahrhundert: Von der äußeren zur inneren Nacht

Goya[1] [reflektiert] in seinen Aquatintaradierungen das neue künstlerische Interesse an der inneren Nachtseite. Seine *Caprichos*[2] gelten gemeinhin als Schlüsselwerke, die den psychischen Dimensionen von Traum, Fantasie, künstlerischer Einbildungskraft und angrenzendem Wahnsinn bildliche Gestalt verliehen haben. Eines der in der Kunstgeschichte am häufigsten kommentierten Blätter dieses Zyklus ist das *Capricho 43*, *Der Traum der Vernunft gebiert Ungeheuer* von 1797/98. Auf diesem Blatt sind die unheimlichen Tiere der Nacht und der Melancholie versammelt. Eulen und Fledermäuse, Luchs und Katze. Sie suchen einen Zeichner oder Schreiber heim, der seinen Kopf auf die Tischplatte gesenkt und mit den Armen umschlossen hat. Ikonografische[3] Verweise und zeitgenössische Schriften belegen, dass es sich bei dem Mann um einen Künstler handelt. Damit erhalten auch die Nachtgeschöpfe eine weitere Bedeutung. Sie verkörpern nicht nur die bedrohlichen Seiten des Bewusstseins, sondern auch die künstlerisch produktiven: Die Tiere bedrängen den Träumer, zugleich aber provozieren sie seine schöpferische Einbildungskraft. Eine der Eulen hält einen Stift bereit, als wolle sie den Träumer auffordern, sich die im Traum geborenen Ungeheuer anzueignen. Das Blatt erklärt den Traum zum Ort der künstlerischen Inspiration. Diese produktive Seite des Traums, die, um bildliche Gestalt anzunehmen, der rationalen Überformung bedarf, formuliert auch der anonyme zeitgenössische Kommentar zu diesem Blatt, der heute im Prado aufbewahrt wird: „Die Fantasie, von der Vernunft verlassen, gebiert unmögliche Monster. Mit ihr vereint, ist sie die Mutter der Künste und der Ursprung aller Wunder."

Arbeitsanregungen

1 *Bestimmen Sie aus der Beschreibung von Goyas* Capricho 43 *das Verhältnis von Fantasie und Vernunft.*

2 *Stellen Sie Szenen und Situationen des* Sandmann *zusammen, in denen Erzählkunst und deren Wirkungsmöglichkeiten thematisiert werden.*

1 *Goya:* Francisco José de Goya y Lucientes (1746–1828), spanischer Maler und Grafiker, Mitglied der königlichen Akademie und lange Zeit Hofmaler

2 *Capricho:* scherzhaftes, launiges Stück

3 *ikonografisch:* die Beschreibung und Deutung von Bildern und Bildzeichen betreffend

Der Sandmann in der Kritik

M 13 Johann Wolfgang Goethe
Das Übernatürliche in fabelhaften Erzählungen

Goethe referiert hier einen Aufsatz des schottischen Dichters Walter Scott (1771–1832), der 1827 in der englischen Zeitschrift „The Foreign Quarterly Review" abgedruckt war.

Vor allen Dingen berührt uns, wie in dieser Zeitschrift die sittlich-ästhetischen Bemühungen der Deutschen aufgenommen und angesehen sind. Der Referent dieses Faches ist ein merkwürdiger Mann, dem wir noch gar manche Aufklärung über uns selbst und andere verdanken werden. In dem ersten Aufsatz überschrieben: *On the Supernatural in Fictitious Compositions,* welches wir übersetzen möchten, das *Übernatürliche in fabelhaften Erzählungen,* hat er von den Werken unseres Hof(f)manns den Anlass genommen, seine Gedanken auszusprechen. Statt aller Definition und Erklärung trägt er eine kurze Geschichte vor, wodurch das natürlich Wahre des Ahnungsvollen und Schauderhaften vor den Geist gebracht wird; sodann zeigt er, wie von hier an die Einbildungskraft immer vorschreite, bis sie endlich, wenn sie keine höhere, bändigende Kunst anerkennt, sich ganz und gar ins Falsche verliert, das Grässliche, Schreckliche ins Unnatürliche und Unmögliche steigert und zuletzt ganz und gar Unerträgliches hervorbringt.

Der Verfasser dieses Aufsatzes hat eine eigene Art von Kritik, es ist dieselbe, welche das Tageslicht ausübt, indem es die Gegenstände aller Art mit einer heitern Gleichgültigkeit beleuchtet und sie eben dadurch jedem Urteil offenbar vorlegt. Hof(f)manns talentreiches Naturell weiß er anzuerkennen, er begleitet ihn durch alle krankhaften Verirrungen mit freundlichem Bedauern bis zu den krampfhaften Äußerungen eines vorzüglichen auf den Tod gefolterten Wesens, wo er zuletzt auszurufen gedrungen ist: „Wir müssen uns von diesen Rasereien lossagen, wenn wir nicht selbst toll werden wollen."

Hören wir ihn ferner: „Es ist unmöglich, Märchen dieser Art irgendeiner Kritik zu unterwerfen; es sind nicht die Gesichte eines poetischen Geistes, sie haben kaum so viel scheinbaren Gehalt als den Verrücktheiten eines Mondsüchtigen allenfalls zugestanden würde; es sind fieberhafte Träume eines leichtbeweglichen kranken Gehirns, denen wir, wenn sie uns gleich[1] durch ihr Wunderliches manchmal aufregen oder durch ihr Seltsames überraschen, niemals mehr als eine augenblickliche Aufmerksamkeit widmen können. Fürwahr, die Begeisterungen Hof(f)manns gleichen oft den Einbildungen, die ein unmäßiger Gebrauch des Opiums hervorbringt und welche mehr den Beistand des Arztes als des Kritikers fordern möchten. Und wenn wir auch anerkennen, dass der Autor, wenn er seiner Einbildungskraft ernster geboten hätte, ein Schriftsteller der ersten Bedeutung geworden wäre; so dürfte er doch,

1 *gleich:* hier: auch

indem er dem kranken Zustand seines zerrütteten Wesens nachhängt, jener grenzenlosen Lebhaftigkeit der Gedanken und Auffassungen als anheimgegeben erscheinen, welche der berühmte Nicolai[1], nachdem er viel davon gelitten, doch endlich zu besiegen das Glück hatte. Blutentleerungen und sonstige Reinigungen, verbunden mit gesunder Philosophie und überlegter Beobachtung, würden unsern Hoffmann wie jenen bedeutenden Schriftsteller zu einem gesunden Geisteszustand wieder zurückgebracht haben und seine Einbildungskraft, in einem gleichen und stetigen Flug sich bewegend, hätte vielleicht das höchste Ziel poetischer Kunst erreicht. – Seine Werke jedoch, wie sie gegenwärtig liegen, dürften nicht als Muster der Nachahmung aufzustellen sein, vielmehr als Warnungstafeln, die uns anschaulich machen, wie die fruchtbarste Einbildungskraft erschöpft werden kann durch einen leichtsinnigen Verschwendungstrieb des Besitzers."

Wir können den reichen Inhalt dieses Artikels unsern Lesern nicht genugsam empfehlen: Denn welcher treue, für National-Bildung besorgte Teilnehmer hat nicht mit Trauer gesehen, dass diese krankhaften Werke des leidenden Mannes lange Jahre in Deutschland wirksam gewesen und solche Verirrungen als bedeutend fördernde Neuigkeiten gesunden Gemütern eingeimpft worden.

Arbeitsanregung
Fassen Sie die hier genannten Kritikpunkte zusammen.

1 *Nicolai:* Friedrich Nicolai (1733–1811), einflussreicher Berliner Verleger und Schriftsteller, der jede Art von Irrationalismus bekämpfte und dafür von Goethe und anderen öffentlich verspottet wurde

M 14 Anonyme Rezension von 1817

Der Sandmann; ein schauderhaftes Nachtstück. Die Schwärmerei und Geisterfurcht endet hier in selbstvernichtender Verrückung. Wenn solche Geisterseherei ansteckend ist, so sollte man daher ja wohl den Geistesschwachen und Überreizbaren des Vfs. Schriften aus den Händen reißen. Hier überschreitet der grässliche Ernst die Grenze der Dichtung und einige ironische Blicke [...] können die schauerlichen Farben nicht dämpfen, die der Vf. aufgetragen hat. [...] Es ließe sich fragen: Darf der *Dichter* seine Menschen schaffen, um sie zu *vernichten*? Wo aber keine höhere Ansicht über die vernichtete Hoheit des Menschen tröstet, und, wie hier, der durch Fantasie Gefallene von der Fantasie dem nüchternen Verstande zum kalten Bedauern überlassen wird, da scheint uns vielmehr eine *unreine* Vermischung als ein poetisches Ineinanderspielen der Fantasie und Wirklichkeit vorgegangen zu sein.

Arbeitsanregungen

1 *Fassen Sie die hier genannten Kritikpunkte zusammen.*

2 *Was meint der Rezensent wohl mit der bei Hoffmann vermissten „höheren Ansicht"?*

3 *Die Autoren von M 13 und M 14 warnen vor der Ansteckungsgefahr, die vom* Sandmann *ausgeht. Versuchen Sie die damit verbundenen Ängste und Unsicherheiten genauer zu bestimmen.*

BILDQUELLENVERZEICHNIS

S. 3: Abb. entnommen aus: Christoph Wetzel: E.T.A. Hoffmann. Die großen Klassiker. Literatur der Welt in Bildern, Texten und Daten. Salzburg: Andreas 1981, S. 92; S. 6: Illustration: Volkmar Döring; S. 9: Abb. entnommen aus: Wetzel, a. a. O., S. 50; S. 11: Abb. entnommen aus: Wetzel, a. a. O., S. 66; S. 16: Abb. entnommen aus: Wetzel, a. a. O., S. 219; S. 24: Abb. entnommen aus: Wetzel, a. a. O., S. 225; S. 34: Abb. entnommen aus: E.T.A. Hoffmanns Leben und Werk in Daten und Bildern. Hrsg. v. Gabrielle Wittkop-Ménardeau. Frankfurt a. M.: Insel 1968, Abb. 199; S. 41: Abb. entnommen aus: Wittkop-Ménardeau, a. a. O., Abb. 229; S. 43: Abb. entnommen aus: Wetzel, a. a. O., S. 243; S. 44: G. Braque: © VG Bild-Kunst, Bonn 2007, A. Kanoldt: © Staatl. Grafische Sammlung, München/VG Bild-Kunst, Bonn 2007

TEXTQUELLENVERZEICHNIS

M 2: In: Munsky, Wolfgang: Die Welt als Schreckenskabinett. In: Phantastik in Literatur und Kunst. Hrsg. v. Christian W. Thomsen und Jens Malte Fischer. Darmstadt: Wissenschaftliche Buchgesellschaft 1980, S. 472 f.; M 3: In: Tabbert, Thomas T.: Menschmaschinengötter. Künstliche Menschen in Literatur und Technik. Fallstudie einer Artifizialanthropologie. Hamburg: Artislife Press 2004, S. 140; M 4: In: E. T. A. Hoffmann: Fantasiestücke in Callots Manier. III. Kreisleriana Nro. 1–6. 1. Johannes Kreislers, des Kapellmeisters, musikalische Leiden. In: E. T. A. Hoffmann: Fantasie- und Nachtstücke. München: Winkler Verlag 1960, S. 27 ff.; M 5: In: Heckmann, Herbert: Die andere Schöpfung. Geschichte der frühen Automaten in Wirklichkeit und Dichtung. Frankfurt a. M.: Umschau 1982, S. 243 f.; M 6: Johann Christian Reil: Rhapsodieen über die Anwendung der psychischen Curmethode auf Geisteszerrüttungen. Halle: Curt 1803, S. 306–308, S. 319–327; M 7: In: E. T. A. Hoffmann: Sämtliche Werke in sechs Bänden. Bd. 3: Nachtstücke, Klein Zaches, Prinzessin Brambilla. Werke 1816–1820. Hrsg. v. Hartmut Steinecke unter Mitarbeit v. Gerhard Allroggen. Frankfurt a. M.: Deutscher Klassiker Verlag 1985, S. 972 f.; M 8: wie M 7, S. 976 ff.; M 9: In: Beguin, Albert: Traumwelt und Romantik. Versuch über die romantische Seele in Deutschland und in der Dichtung Frankreichs. Bern, München: Francke Verlag 1972, S. 69 f.; M 10: In: Utz, Peter: Das Auge und das Ohr im Text. Literarische Sinneswahrnehmung in der Goethezeit. München: Wilhelm Fink Verlag 1990, S. 185; M 11: In: Kremer, Detlef: E. T. A: Hoffmann zur Einführung. Hamburg: Junius 1998, S. 67–70; M 12: In: Die Nacht. Haus der Kunst 1. 11. 1998 – 7. 2. 1999. Ausstellungskatalog hrsg. v. Haus der Kunst München. Wabern-Bern: Benteli 1998, S. 110 f.; M 13: In: Goethe, Johann Wolfgang: Ästhetische Schriften 1824–1832. Sämtliche Werke, Bd. 22. Hrsg. v. Anne Bohnenkamp. Frankfurt a. M.: Deutscher Klassiker Verlag 1999, S. 709 f.; M 14: In: Allgemeine Literatur Zeitung Nr. 179, Juli 1817, Sp. 597 f.